DE LA

CESSION-TRANSPORT

EN DROIT ROMAIN ET EN DROIT FRANÇAIS

PAR

FERDINAND DEGROOTE

AVOCAT

PARIS

F. PICHON, LIBRAIRE-ÉDITEUR

14, RUE CUJAS, 14

1874

THÈSE POUR LE DOCTORAT

DE LA

CESSION-TRANSPORT

EN DROIT ROMAIN ET EN DROIT FRANÇAIS

THÈSE POUR LE DOCTORAT

PAR

Ferdinand DEGROOTE

AVOCAT

L'acte public sur les matières ci-après sera soutenu
le mercredi 18 mars 1874, à 2 heures

Président : M. LABBÉ.

SUFFRAGANTS :
MM. VALETTE,
VUATRIN,
DEMANTE,
CASSIN,

PROFESSEURS

AGRÉGÉ

PARIS
F. PICHON, LIBRAIRE-ÉDITEUR
14, RUE CUJAS, 14
1874

[illegible]

[illegible]

[illegible]

[illegible]

[illegible]

A MES PARENTS

A MES AMIS

DROIT ROMAIN

« On sait que les Romains étaient extrê-
ment formalistes. — Les anciennes lois
de Rome avaient commencé à paraître du-
res, et les préteurs ne furent plus touchés
que des raisons d'équité, de modération et
de bienséance. »
(Montesquieu, *Esprit des lois*, XXVII.)

PREMIÈRE PARTIE

DROIT ROMAIN

DE LA CESSION DES CRÉANCES

(Digeste, liv. XVIII, IV. — Code, IV ; xxxix).

SOMMAIRE. — Notions générales. — Système des actions de la loi. — Système formulaire. — *Denuntiatio*. — Actions utiles. — *Lex Anastasiana*. — Définition de la *procuratio in rem suam*. — Créances cessibles. — Créances incessibles. — Personnes incapables de céder ou d'être cessionnaires. — Cessions volontaires, cessions nécessaires. — Etendue et formes de la cession. — Effets de la cession. — Résumé.

A Rome, comme partout d'ailleurs, le patrimoine de l'homme se composait de droits réels et de droits personnels. Les premiers donnaient sur les choses un pouvoir direct, absolu, susceptible d'être exercé vis-à-vis de toute personne, et ils se traduisaient par droit de propriété, droit d'usufruit, droit d'usage, de servitude, d'hypothèque, de superficie, d'emphytéose. Les seconds appelés aussi droits de créance ou simplement créances, consistaient dans la faculté d'exiger une prestation d'une personne déterminée. Cette faculté dérivait soit d'une convention, soit d'un contrat, soit d'un délit, soit de ce que les Romains appelaient *quasi ex contractu, quasi ex delicto*. L'aliénation des droits réels était parfaitement reconnue : *nihil tam rationi conveniens, nihil tam æquis quam voluntas domini rem suam in alienum transferentis*, et elle s'opérait par la *mancipatio* ou par l'*in jure cessio*, suivant que l'objet du droit était *res mancipi ou res non mancipi*. La créance, au contraire, était incessible en elle-même : *Obligationes quoquo modo contractæ sint, nihil earum recipiunt* (Gaius, Comm. II § 38).

Telle était la règle que les jurisconsultes attachés aux principes logiques et rigoureux du droit, avaient déduite de la nature même de l'obligation. L'obligation, en effet, était pour eux un rapport strictement circonscrit entre deux personnes déterminées, le créancier et le débiteur, de telle sorte que ce rapport disparaissant, l'obligation disparaissait elle-même : *Obligationem substantia... in eo consistit... ut alium nobis obstringat ad dandum aliquid, vel faciendum, vel præstandum*. Aussi, le créancier qui allait soutenir son droit devant le juge, devait-il s'exprimer de la manière suivante : *Si paret Numerium Negidium Aulo Agerio decem millia dare oportere*. Le propriétaire, au contraire, qui revendiquait son droit, disait simplement : *Aio hanc rem esse meam ex jure Quiritium. Si paret hanc rem Auli Agerii esse*. Le principe de l'incessibilité était absolu, et il ne faudrait pas considérer comme une exception la transmission à l'héritier des créances du défunt, ou l'acquisition faite par le *paterfamilias* ou le *dominus* des créances du fils ou de l'esclave, car au premier cas l'héritier ne faisait que continuer la personne du défunt, et au second le père ou le maître absorbait dans sa personne celle de celui qui se trouvait en sa puissance.

Cependant, rien n'était moins impossible, ni plus légal, que la substitution d'un créancier à un autre; mais dans cette opération, il n'y avait pas un véritable transport d'obligation. Il y avait une novation, en vertu de laquelle une obligation nouvelle remplaçait l'ancienne. Or, les règles de la novation exigeant l'intervention du débiteur, afin qu'il s'engageât envers le nouveau créancier, il en résultait que celui-ci pouvait par un refus arrêter le créancier dans son projet. En outre, le débiteur intervînt-il dans l'opération, consentît-il à prendre un engagement, la créance s'évanouissait, et avec elle, à moins de clauses contraires expressément formulées, toutes les garanties telles que les cautions, les hypothèques; le cours des intérêts était suspendu, les effets de la demeure cessaient, et, par contre, les exceptions opposables à l'ancienne dette, étaient perdues pour le débiteur.

Il y avait là évidemment des inconvénients de nature à empêcher le développement des transactions par rapport aux créances, et par suite à léser l'intérêt du commerce. Cet état de choses dura aussi longtemps que le système des actions de la loi, procédure qui fut en honneur dans les premiers temps de Rome.

Alors, il n'était pas permis aux parties de se faire représenter en justice par des mandataires : *nemo alieno nomine lege agere potest* (Ulpien, L. 123 pr., D. *De reg. jur.*), sauf quelques exceptions indiquées par Gaius au § 82 du Commentaire IV de ses Institutes. On ne pouvait plaider pour autrui que *pro populo, pro libertate, pro tutela, eorum nomine qui apud hostes esset* dans l'action *furti*, et *pro peregrinis* dans l'action *repetendorum*, action par laquelle était poursuivi un magistrat accusé de corruption ou de concussion.

L'impossibilité de plaider par le ministère d'un mandataire, blessait l'équité, car il en résultait que celui qu'accablait la maladie ou la vieillesse, ou qu'éloignait un voyage nécessaire, ne pouvait poursuivre la reconnaissance de ses droits violés ou du moins en danger de l'être. Le système formulaire qui succéda à celui des actions de la loi, changea la situation. Sous l'empire de cette procédure, la représentation en justice par *cognitor* et par *procurator* devint possible.

Le *cognitor* fut le plus anciennement employé, mais, comme il fallait que le mandant comparût en personne devant le tribunal, et notifiât à son adversaire en termes solennels la constitution du *cognitor*, ce qui avait le grave inconvénient de rendre le mandat *ad litem* impossible là précisément où il était surtout nécessaire, c'est-à-dire en cas d'absence du mandant, on imagina la constitution du *procurator*. Celle-ci excluait toute formalité, toute parole solennelle, tout avertissement à l'adversaire : un simple mandat, une manifestation quelconque de la volonté du mandant constituait le *procurator*. Cependant à d'autres points de vue, la *cognitio* présentait plus d'avantages que la *procuratio*. Le *cognitor* n'était envisagé que comme un simple représentant, la *condemnatio* qui était prononcée pour ou contre lui n'empêchait pas que le *dominus litis* ne fût le mandant. Celui-ci fournissait les cautions et dirigeait lui-même l'action *judicati*. Au contraire, le *procurator* devenait *dominus litis* par suite de la *litis contestatio*, il devait fournir les cautions et c'était à lui que l'*actio judicati* appartenait. A la différence du *cognitor*, le *procurator* était soumis à l'obligation de fournir la caution *ratam rem dominum habiturum* au défendeur qui pouvait craindre que le mandant, étranger au débat, ne l'attaquât à son tour. Toutefois, cette caution n'était pas exigée lorsqu'il s'agissait d'un *procurator præsentis*, présenté par le mandant à l'instar du *cognitor*. Au reste, le *procurator præsentis* finit par jouir des mêmes prérogatives que le *cognitor*, et depuis lors la *cognitio* fut abandonnée.

Quand un créancier voulait céder son action à un tiers, il constituait celui-ci *procurator* à l'effet d'exercer les poursuites contre le débiteur, et il le dispensait de rendre compte et de lui restituer le bénéfice né de l'opération. C'est pourquoi on appela le cessionnaire *procurator in rem suam* (C. 6, *De obligat. et act.*) Le mandant restait véritable créancier, car le cessionnaire exerçait simplement son action. Il résultait de là qne la situation du débiteur n'était point modifiée par la cession. Il est vrai que le *procurator* était constitué *dominus litis* en vertu de la *litis contestatio*, que la *condemnatio* était conçue en son nom, et qu'il exerçait l'action *judicati*, mais l'*intentio* était au nom du mandant : *Si paret Negidium Mævio sestertium decem millia dare oportere, judex Negidium Titio sestertium decem millia condemna; si non paret, absolve.* Cependant, le *procurator in rem suam* était tout autre qu'un mandataire ordinaire, qu'un *procurator in rem alienam.* Il était dispensé de rendre compte et gardait pour lui le résultat de sa poursuite, il pouvait après la *litis contestatio* opposer en compensation la créance cédée (L. 18, D. *De compens.*), il se voyait opposer valablement une exception tirée de son dol quoiqu'antérieur à la *litis contestatio* (L. 4 § 18, *De dol. mal. except.*), il avait le droit de faire un pacte valable avec le débiteur cédé (L. 13 § 1, *De pact.*), de lui déférer le serment extrajudiciaire (L. 17 § 3, *De jurej.*). Enfin, il est à remarquer que le *procurator in rem suam* conserva l'action *judicati* après que le mandataire ordinaire en fut privé. (L. 4 pr. *De re judic.*) (*Frag. vatic.* §§ 317, 331.)

Un grand pas était fait dans la voie du progrès, mais le législateur ne pouvait s'arrêter à la constitution du *procurator.* En effet, le cessionnaire n'étant qu'un mandataire, rien n'empêchait le mandant ou ses héritiers de révoquer le mandat, jusqu'au moment de la *litis contestatio.* Il n'était pas même nécessaire que le mandant révoquât expressément le mandat, il lui suffisait d'intenter lui-même l'action, de transiger avec le débiteur, de recevoir de lui le payement de la créance pour en amener tacitement la révocation. En outre, la mort du mandant ou celle du mandataire révoquait le *mandatum in rem suam*.

Afin de protéger le cessionnaire contre les actes du cédant, Gordien établit la *denuntiatio*, formalité qui consistait dans la notification du mandat au débiteur, de telle sorte que le débiteur ne pût plus se libérer à l'encontre du cessionnaire en payant le créancier ou en transigeant avec lui (C. 3, *De nov.*). Cette notification devait être faite à tout débiteur intéressé, par exemple à chaque débiteur solidaire, en cas de solidarité. Le débiteur qui ne la recevait pas payait valablement entre les mains du cédant, et son payement libérait le codébiteur.

La *denuntiatio* et le payement partiel fait au cessionnaire sont présentés par une constitution de Gordien, de l'an 260, comme deux moyens de rendre le mandat irrévocable, avant même l'intervention de la *litis contestatio*. Voici les termes de cette constitution : « *Si delegatio non est interposita tui debitoris, ac propterea actiones apud te remanserunt, quamvis creditori tuo adversus eum solutionis causa mandaveris actiones, tamen antequam lis contestetur, vel aliquid ex debito accipiat, vel debitori tuo denuntiaverit, exigere a debitore tuo debitam quantitatem non vetaris, et eo modo tui creditoris exactionem contra eum inhibere* ».

Cette constitution s'appliquait-elle au *mandatum in rem suam ?* Oui, et nous n'hésitons pas à donner cette affirmation, bien que Cujas ait soutenu une opinion contraire. Mais Cujas se fondait sur cette idée que ce mandat était irrévocable dès avant la *litis contestatio* : or ceci est inexact, car, à l'origine, le *mandatum in rem suam* était révocable comme le *mandatum in rem alienam*. Ces mots *quamvis creditori tuo adversus eum solutionis causa mandaveris actiones* de la constitution, montrent bien qu'il y est question d'un mandat conféré dans l'intérêt personnel du mandataire, mandat révocable avant que les actions utiles dont nous verrons bientôt l'apparition dans le droit, ne vinssent précisément en empêcher la révocabilité.

Les auteurs ne sont pas d'accord sur la question de savoir si la *denuntiatio* pouvait être suppléée par la connaissance que le débiteur aurait eue *extrinsecus* de la cession.

La loi 17 au Digeste *De transact.* a fourni à Doneau un argument en faveur de l'affirmative. Il s'agit dans ce texte d'un héritier qui, après avoir vendu la succession ou l'avoir restituée à un fidéicommissaire, transige avec un débiteur de la succession, dont la vente ou la restitution était complétement ignorée. Ce débiteur actionné plus tard par l'acheteur ou le fidéicommissaire leur opposera-t-il efficacement l'*exceptio transacti negotii ?* Oui, dit Papinien, *propter ignorantiam debitoris.* Or, Doneau, par un argument *a contrario*, conclut que la connaissance que le débiteur aurait eue d'une manière quelconque de la vente ou de la restitution était un obstacle à l'efficacité de l'exception. — Cet argument n'est guère probant, car il est possible que Papinien entendit ces mots : *propter ignorantiam debitoris*, dans le sens d'ignorance légale du débiteur auquel la *denuntiatio* n'aurait pas été faite, et celle-ci évidemment n'eût su consister dans un fait quelconque de nature à instruire le débiteur, puisque la constitution de Gordien cite successivement la *denuntiatio*, la *litis contestatio* et le payement partiel, ces deux derniers moyens supposant nécessairement une connaissance acquise par le débiteur.

La *denuntiatio*, origine de la signification prescrite par l'art. 1690 de notre Code civil, consistait peut-être en un simple acte émanant de la personne même du cessionnaire qui faisait connaître au cédé l'événement de la cession ; peut-être en une *denuntiatio litis*, mode d'ajournement consistant dans un engagement pris par le défendeur à l'égard du demandeur de comparaître devant le magistrat pour obtenir une formule relativement à un litige et afin d'échapper à la procédure rigoureuse de l'*in jus vocatio*. L'usage de ce mode fut étendu par un décret de Marc-Aurèle qui dispensa la *denuntiatio* du consentement du débiteur, à la condition qu'elle fût constatée par témoins.

D'acte extrajudiciaire, la *denuntiatio* devint, à partir de Constantin, un acte public consistant dans un procès-verbal dressé par un agent chargé de la faire parvenir au défendeur, et nous sommes assez porté à penser que la *denuntiatio* prescrite par Gordien fut telle. On peut objecter à cette manière de voir que si l'empereur Gordien eût eu en vue une pareille *denuntiatio*, quand il voulut assurer les droits du cessionnaire, il n'eût pas, dans ce même but, parlé de la *litis contestatio*. A cela nous répondrons que la mention de la *litis contestatio* n'était pas surabondante, qu'elle visait les cas où l'instance était ouverte non par une *denuntiatio*, mais par une simple citation verbale faite au défendeur par un officier ministériel, comme dans le cas d'une demande liquide et urgente, ou ne dépassant pas 100 solides, ou se trouvant pleinement justifiée par écrit. — Sous Justinien, la *litis denuntiatio* disparut comme mode d'assignation, mais en matière de cession de créances, elle conserva toute son utilité.

Restait une lacune à combler. La *denuntiatio*, ainsi que nous venons de le voir, paralysait le droit de révocation, mais elle n'empêchait pas que l'extinction du mandat ne fût amenée par la mort du mandant et par celle du mandataire, et la doctrine des jurisconsultes romains, toujours fidèle au texte même de la loi, ne voulut pas qu'une action fût donnée dans un cas qui ne semblait pas avoir été prévu par le législateur. La théorie du préteur, plus soucieuse des règles de l'équité, réussit à faire disparaître cet inconvénient, sans porter atteinte aux principes du droit. Elle introduisit des actions utiles qui furent accordées aux héritiers du mandataire contre le mandant et au

mandataire contre les héritiers du mandant, absolument comme si le mandat n'eût pas été éteint, dè
sorte que les héritiers, vu la possibilité d'intenter
une action, *quasi ex jure cesso*, se trouvèrent substi-
tués à leurs auteurs.

Il est particulièrement intéressant de rechercher
les cas auxquels l'action utile fut appliquée par les
Romains. L'action utile, indépendamment des actions
exercitoires et institoires qu'on étendit dans la
suite à toute sorte de mandat, l'action utile ne fut
donnée tout d'abord qu'aux cessionnaires à titre onéreux. L'empereur Justinien la généralisa en la con-
cédant aux cessionnaires à titre gratuit (C. 33,
De donat.). Nous trouvons même un cas où l'action
utile était possible, en l'absence de la *procuratio*. Il
se présentait lorsqu'une personne s'étant engagée à
transférer sa créance, refusait de constituer le cessionnaire *procurator in rem suam*.

La première application des actions utiles, fut faite
par Antonin le Pieux à l'occasion de la vente d'une
hérédité comprenant des créances (L. 16 pr. *De pactis*). L'acheteur trouva dès lors dans ces actions le
moyen d'atteindre les débiteurs héréditaires, lorsque
le vendeur refusait de lui donner mandat à l'effet de
les poursuivre. On sait, en effet, que le vendeur d'une
hérédité restait propriétaire, créancier et débiteur
des biens, des créances et des charges de la succession et que son obligation vis-à-vis de l'acheteur
consistait à garantir sa qualité d'héritier et à mettre
l'acheteur dans la situation d'un héritier, en lui

transférant les biens par *mancipatio, in jure cessio, traditio* (L. 14, § 1, *De hered. vel act.*) ou en lui restituant le prix provenant de la vente de ces biens, le profit qu'il a retiré des créances non éteintes par confusion. De son côté l'acheteur devait indemniser l'héritier de tout ce qu'il avait déboursé pour le compte de l'hérédité, lui rembourser les sommes au moyen desquelles il avait désintéressé les créanciers du défunt. Cette vente de l'hérédité ne saurait être confondue avec l'*in jure cessio hereditatis*, procès fictif en revendication qui aboutissait à un véritable transfert du *jus hereditarium* lorsque la *cessio* précédait l'*aditio* d'hérédité ou que la succession étant dévolue à un héritier nécessaire, l'*aditio* était regardée comme inutile (Gaius, 11, 37). Ici l'héritier légitime transmettait au cessionnaire son titre même d'héritier : *perinde fit heres ac si ipse per legem ad hereditates vocatus esset.* Le cessionnaire devenait créancier et débiteur au lieu et place du défunt à l'égard des débiteurs et des créanciers de la succession, de telle sorte que si la cession paraissait frauduleuse, les créanciers devaient chercher, non pas dans l'action Paulienne, mais dans la séparation des patrimoines un moyen d'échapper à l'insolvabilité du cessionnaire. Toutefois, par rapport au fisc vendeur d'une hérédité, la vente avait le même effet que l'*in jure cessio* (C. 1, *De hered.*). Après l'*aditio hereditatis* l'*in jure cessio* ne transmettait plus au cessionnaire que la propriété des choses corporelles, les dettes restaient à la charge du cédant, et les créances, ne pouvant être cédées *in*

jure à titre singulier, s'éteignaient : *debitores heredi-
tarii lucrum faciunt.* (Gaius, II, 37.)

L'action utile inaugurée en faveur de l'*emptor hereditatis* fut bientôt accordée au créancier qui avait
reçu une autre créance à titre de *datio in solutum;* au
légataire d'une créance; à celui qui avait reçu une
créance en dot ; au créancier qui avait saisi des créances appartenant à son débiteur (C. c. 8 *De hered. et
act. vend.*, 5 *quando fiscus*, 18 *De leg.*, 2 *De oblig.*,
LL. 8 et 10, *De re judic.*). Ensuite, l'action utile devint possible en dehors de toute convention relative
à la transmission d'un droit : C'est ainsi qu'un débiteur non *correus* et peut-être dans le dernier état
du droit un débiteur *correus*, qui avait payé une
dette solidaire, obtint de la loi l'action utile de la
créance, comme si cette créance lui avait été transmise par cession (C. c. 2, *De contr. jud. tut.* 2, *De
duob. reis*).

Voilà plusieurs exemples d'actions utiles, et il y
en a bien d'autres que l'on pourrait trouver dans les
textes du Digeste et du Code. Mais nous arrêterons
ici nos recherches, car les exemples déjà signalés suf-
fisent à nous prouver la possibilité d'user de l'action
utile, chaque fois qu'une cession ne s'était pas ac-
complie à cause de la mort de l'une des parties ou
des résistances injustes du cédant. Dès lors, le cessionnaire n'eut plus besoin d'obtenir du cédant un
mandat *ad agendum*, et telle était la puissance de
l'action utile, qu'elle ne le cédait point à l'action
directe restée en la possession du créancier primitif,

quand celui-ci voulait en user en dépit de l'acheteur :
*procuratore in rem suam dato, præferendus non est
dominus procuratoris in litem movendam, vel pecuniam suscipiendam : qui enim suo nomine utiles actiones habet, rite eas intendit* (L. 55, D., *De procur.
et defens.*). Aussi, est-il probable que, le cessionnaire cédait valablement l'action directe, ce qui était
l'abrogation du brocard : *procuratorem ante litem
contestatam procuratorem facere non posse* (L. 8, § 3
Mandati) (C. 33, *De donat.*). — Le débiteur écartait
le cédant en lui opposant la vente (L. 16, D. *De pactis*). Si, depuis la cession, il payait le cédant, il n'é-
tait responsable vis-à-vis du cessionnaire, qu'autant
que celui-ci lui eût signifié le transport. La simple
connaissance que le débiteur aurait eue de la cession
eût-elle pu entraîner sa responsabilité? Nous ne le
croyons pas, car, à part cette remarque, à savoir
qu'elle ne lui est pas imposée dans cette hypothèse
par un texte de loi, on ne saurait la faire dériver de
l'action utile ici toute de faveur, il est vrai, pour le
cessionnaire, mais seulement pour le cessionnaire
qui a fait les diligences nécessaires à la conservation
de ses droits.

Il ne faudrait pas croire que la concession de l'action utile altérât la situation du débiteur, qu'elle fît
que le cessionnaire agit non comme *procurator* du
cédant, mais en vertu d'un droit qui lui fût propre.
Non, on ne saurait décider équitablement qu'un
changement de créancier ou d'action puisse aggraver la position du débiteur, sans le consentement de

ce dernier. D'ailleurs les textes montrent bien que le cessionnaire restait mandataire, loin de devenir un successeur à titre particulier du cédant : « Ex nominis emptione dominium rerum obligatarum ad emptorem non transit, sed vel in rem suam procuratore facto, vel utilis secundum ea, quæ, pridem constituta sunt, exemplo creditoris persecutio tribuitur » (C. 8, *De hered. vel act.*). *Nec refert*, dit le jurisconsulte Paul, *directa quis an utili actione agat, vel conveniatur, maxime quum utraque actio ejusdem potestatis eumdemque habet effectum.* (L. 47, § 1, *De neg. gest.*)

En résumé, il résulte de nos assertions précédentes, que dans le dernier état du droit romain, nous voulons dire sous l'empereur Justinien, deux rapports bien tranchés existaient, l'un entre le cessionnaire et le débiteur, l'autre entre le cédant et le cessionnaire. A l'égard du débiteur, le cessionnaire était un mandataire réel ou feint qui faisait valoir les droits d'un autre sans leur faire subir d'altération; à l'égard du cédant, le cessionnaire n'était plus un simple mandataire, c'était un acheteur ou un donataire, et l'on comprend que ce caractère le plaçait dans une indépendance très-grande vis-à-vis de son auteur. Il avait pour faire valoir la créance la double ressource de l'action directe et de l'action utile, sauf pourtant dans les deux cas de donation et de *stipulatio duplæ* où il n'obtenait que l'action directe. (L. 49, § 2, *De adq. poss.*) La cession ainsi formée, l'aliénation des créances se produisit à l'instar de l'aliénation des choses corporelles.

C'était là du reste que tendaient toutes les améliorations qui modifièrent successivement la cession des créances. Malheureusement, le but du législateur fut dépassé, dans ce sens que l'utilité qu'il désirait procurer aux transactions dégénéra en abus. En effet, d'avides spéculateurs firent métier d'acheter à bas prix des créances douteuses, de tourmenter les débiteurs par des poursuites incessantes et préjudiciables aux créanciers. C'est pourquoi l'empereur Anastase fit la constitution 22 *Mandati vel contra*, constitution qui porte le nom de *lex Anastasiana*, et qui est ainsi conçue : « Per diversas interpellationes ad nos factas comperimus quosdam alienis rebus fortunisque inhiantes, cessiones aliis competentium actionum in semet exponi properare, hocque modo diversis personas litigatorum vexationibus afficere, eum certum fit, pro indubitatis obligationibus eos magis, quibus antea suppetebant, jura sua vindicare, quam ad alios ea transfere velle. Per hanc itaque legem jubemus, in posterum hujusmodi conamen inhiberi, nec enim dubium est, redemptores litium alinearum videri eos esse, qui tales cessiones in se confici cupiunt : ita tamen, ut si quis datis pecuniis hujusmodi subierit cessionem, usque ad ipsam tantummodo solutarum pecuniarum quantitatem et usurarum ejus actiones exercere permittatur, licet instrumento cessionis venditionis nomen insertum fit; exceptis scilicet cessionibus, quas inter coheredes pro actionibus hereditariis fieri

contigit, et his, quascumque vel creditor vel is, qui
res aliquas possidet, pro debito seu rerum apud se
constitutarum munimine atque tuitione accepit
necnon his, quas inter legatarios seu fideicommis-
sarios, quibus debita vel actiones seu res aliæ relictæ
sunt, pro his fieri necesse sit. Nulla etenim tali ratione intercedente redemptor, sicuti superius decla-
ratum est, magis existit, qui alienas pecuniis præsti-
tit subiit actiones. Si autem per donationem cessio
facta est, sciant omnes, hujusmodi legi locum non
esse, sed antiqua jura esse servanda, ut cessiones,
tam pro exceptis et specialiter enumeratis, quam
aliis causis factæ seu faciendæ secundum actionum
quæcumque cessæ sunt vel fuerint, tenorem sine
quadam imminutione obtineant. »

Ainsi, tout acheteur de créances ne put plus doré-
navant exiger du débiteur une somme supérieure, y
compris les intérêts, au prix qu'il avait payé; ces intérêts se comptaient à partir du jour de la demande
du vendeur, si la créance vendue n'était pas une
créance de nature à produire des intérêts, et du jour
qu'avaient dû courir au profit de l'acheteur les intérêts de la créance, si celle-ci était de nature à en
produire. Le dessein d'Anastase était de réprimer
l'avidité des spéculateurs, mais la plume de l'empereur alla plus loin que sa pensée, car tout intérêt,
légitime ou non, à l'achat des créances disparut devant la constitution. Et cependant, toute créance
vendue n'était pas assurément une créance incertaine
ou mauvaise. Il en était à Rome comme il en est de

nos jours. Or aujourd'hui, il arrive souvent que des créances excellentes, mais à longue échéance doivent être vendues parce que le propriétaire voit ses affaires en souffrance, faute de capitaux capables de les alimenter. La vente et l'achat des créances sont dans le commerce des opérations essentielles, nécessaires : or un commerçant convaincu d'avance qu'il n'obtiendra jamais que le montant de ses avances ne saurait acheter des créances, il ne saurait s'engager peut-être dans un procès avec le débiteur cédé.

Toutefois, la *lex Anastasiana* n'était pas applicable aux cas dans lesquels il était impossible d'apercevoir un but de spéculation de la part de l'acheteur. Ainsi, la cession avait-elle lieu, afin de contribuer au partage d'une succession, avait-elle pour but la conservation d'un droit, ou la possession d'une chose, était-elle consentie par un débiteur à son créancier à titre de *datio in solutum*, se rapportait-elle à des créances qui n'avaient pas de l'argent pour objet, à celles qui étaient vendues comme faisant partie d'une *universitas*, d'une succession, par exemple (car ici il n'y avait guère possibilité de connaître d'une manière précise le montant de la créance) et en général à celles qui présentaient un caractère aléatoire, elle n'était nullement prohibée. En outre, la constitution ne visait pas les cessions à titre gratuit. Cette circonstance permit aux spéculateurs d'éluder la loi : ils imaginèrent de se faire céder la créance jusqu'à concurrence d'une certaine somme et de se la faire attribuer en donation pour le surplus de la somme par eux versée, de cette manière il leur était loisible de poursuivre le débiteur pour toute la dette. Mais cette fraude fut écartée par une constitution de Justinien qui déclara en outre faite en fraude de la loi la cession dont l'acte paraissait contenir une donation pour le total de la créance, quand le cédant avait reçu secrètement quelque chose du cessionnaire pour le prix de la cession. Cette constitution de l'empereur Justinien insérée au Code à la suite de celle d'Anastase, n'apporta aucun tempérament à la *lex Anastasiana.* Au contraire, Justinien qui n'en avait pas saisi le défaut, poussa plus loin encore l'exagération en révoquant les exceptions établies par son prédécesseur. Pourquoi priver du droit de bénéficier de la cession le copropriétaire ou le cohéritier qui, ayant déjà de son chef une part dans la créance, achète à prix d'argent la part qui lui manque? Pourquoi refuser ce droit au créancier qui se fait céder par son débiteur une créance de crainte de ne pouvoir recouvrer autrement le montant de sa créance; au possesseur d'un héritage mal garanti, qui se voit poursuivi par un prétendu créancier hypothécaire du vendeur de l'héritage; à l'acheteur d'une créance *in consequentiam alterius rei venditæ*, par exemple à celui qui a acheté un domaine avec toutes les créances que le vendeur pouvait avoir contre les fermiers de ce domaine; à l'adjudicataire d'une créance vendue en justice? Est-ce l'idée de spéculation qui prédomine dans ces acquisitions? — Les constitutions des deux empereurs eurent pour effet de permettre au débiteur de se libérer de la manière la plus entière, la plus absolue (ce qui exclut toute idée d'obligation naturelle), en offrant au cessionnaire le montant de tous ses déboursés, y compris les intérêts échus depuis la signification de transport. Quant à la question de savoir à qui incombait l'obligation d'établir le prix que le cessionnaire a payé au cédant, si c'était au cessionnaire, ou si c'était au débiteur, elle fait, entre les interprètes du droit romain, l'objet d'une controverse. L'opinion de la majorité est que le cessionnaire devait prouver que ses réclamations étaient fondées. En effet, quelle était la base sur laquelle reposait la demande? C'était le fait du payement exécuté par le cessionnaire. Or, le débiteur le déniant, le débiteur disant au cessionnaire : « vous n'avez pas fait de payement ou du moins vous n'avez pas payé la somme équivalente au montant que vous réclamez, » c'était au demandeur à apporter la preuve de ce qu'il avançait : *actori incumbit onus probandi.* C'est aussi ce qui semble ressortir des textes des constitutions 22 et 23 : «… Ita tamen, ut si quis datis pecuniis hujusmodi subierit cessionem, usque ad ipsam tantummodo solutarum pecuniarum quantitatem … actiones exercere permittatur. » «… Et neque ei qui cessit actiones, neque ei qui eas suscipere curavit. … Aliquam contra debitores… esse utrique eorum actionem. »

Les auteurs qui mettent la preuve à la charge du débiteur s'appuient principalement sur le principe :

reus accipiendo fit actor. Pour eux l'exception tirée de la *lex Anastasiana* était une exception proprement dite, semblable à l'exception *non numeratæ pecuniæ,* et ne constituait pas ce que la procédure moderne appelle une défense. Mais leur manière de voir, contraire à la lettre de la constitution d'Anastase, s'écarte encore de l'esprit de la *lex Anastasiana,* loi toute de faveur à l'égard du débiteur. Celui-ci eût-il toujours été dans la possibilité de prouver le payement? Où donc eût-il cherché ses moyens de preuve? Le cessionnaire, au contraire, était toujours en mesure d'apporter la preuve de ses déboursés; il lui suffisait pour cela de produire ses quittances, et à défaut de titres, des déclarations verbales émanées de son auteur.

Telles sont les considérations générales que nous avions à présenter au début de notre travail. Maintenant, il nous est permis de définir la cession : « le droit que quelqu'un tenait de la convention ou de la loi, de poursuivre à son profit par voie d'action ou d'exception, le payement ou l'avantage qui peut résulter de la créance d'autrui. » (Molitor.) Et, afin de mettre de l'ordre dans nos appréciations, nous diviserons notre sujet de la manière suivante :

1º Quelles étaient les créances cessibles?

2º Quelles étaient les personnes capables d'être cédants et d'être cessionnaires?

3º Quelle distinction établissait-on entre les cessions?

4º Comment s'opérait la cession?

5º Quels étaient les effets de la cession?

SECTION I

QUELLES ÉTAIENT LES CRÉANCES CESSIBLES ?

En principe, toutes les créances pouvaient faire l'objet de l'acte que nous venons de définir, disons d'une cession. La créance était cessible, qu'elle fût pure et simple, conditionnelle, à terme, « nomina eorum qui sub conditione vel in diem debent, et emere et vendere solemus » (L. 17, D. *De hered. vel act. vend.*); qu'elle consistât dans la simple expectative d'un droit, par exemple d'un droit à une succession non ouverte, moyennant le consentement du chef de la succession : *spem futuræ actionis plena intercedente donatoris voluntate posse transferri non immerito placuit* (C. 3, *De donat.*); qu'elle fût alternative, et notons que dans ce cas le cessionnaire pouvait exercer l'option quand le choix appartenait au créancier: *si quis ita stipulatus, Stichum aut decem utrum ego velim, legaverit quod ei debebatur : tenebitur heres ejus ut præstet legatario actionem, electionem habituro, utrum Stichum, an decem persequi malit* (L. 75, § 3 D. *De leg.* 1°). La créance était cessible, son *quantum* fût-il indéterminé (L. 5, *De hered. vel act.*), fût-elle née d'une convention, fût-elle née d'un délit.

Ici, la loi 18 pr. D. *De vi et vi armata* semble contraire à notre affirmation, mais en lisant attentivement cette loi, on s'aperçoit que le texte ne se rapporte en aucune façon à la cession de créance. Il y est question de la vente d'un fonds donné en location et de l'autorisation d'en prendre possession donnée par le vendeur à l'acheteur conformément au principe : vente passe louage. Le texte suppose d'une part une *dejectio* commise par le fermier qui repousse l'acheteur, et l'emploi de l'interdit *unde vi* fait contre le fermier par le vendeur qui a subi la *dejectio* dans la personne de l'acheteur (L. 12 *eod. tit.*); d'autre part le texte suppose que postérieurement à la *dejectio* exercée par le fermier, *dejectio* qui le rend possesseur vis-à-vis de l'acheteur et par suite lui donne l'usage des interdits à l'encontre de celui-ci, car la possession du fermier violente à l'égard du vendeur ne l'est pas à l'égard de l'acheteur, l'acheteur ait été autorisé par le vendeur à expulser le fermier. Dans le premier cas, on constate l'existence d'un mandat, mais non pas l'existence d'une procuration *in rem suam*, dans le second cas aucun mandat n'existe, comment le vendeur qui n'avait pas le droit d'user lui-même de la violence pour entrer dans une possession perdue, eût-il pu donner à l'acheteur une autorisation à cet effet? L'espèce eût présenté un cas de cession si, postérieurement à la *dejectio*, l'acheteur avait demandé au vendeur la cession de l'interdit *unde vi*.

La créance était cessible, qu'elle fût civile, qu'elle fût naturelle, la créance naturelle restant entre les mains du cessionnaire ce qu'elle était entre les mains

du cédant ; qu'elle eût son origine dans un privilége
même personnel, comme celui de la minorité : « non
solum autem minoribus, verum successoribus quoque minorum datur in integrum restitutio, etsi ipsi
majores (L. 18, § 5, *De min. vigint.*) (L. 24, *eod. tit.*);
qu'elle procédât de ce que les Romains appelaient
quasi ex contractu et *quasi ex delicto.*

Les actions dérivant de la violation ou de la contestation d'un droit réel étaient-elles cessibles ? Bien que
nous nous occupions exclusivement des actions personnelles, nous croyons devoir poser en passant cette
question et la résoudre brièvement. Nul doute que
l'action en revendication et la pétition d'hérédité ne
pussent être cédées du temps de Justinien comme bien
avant cet empereur (Gaius, IV, § 86) (C. 9, *De hered.
vel act. vend.*) Le cessionnaire d'un droit réel était,
comme le cessionnaire d'un droit personnel, envisagé comme *procurator ad lit m*, il retirait tout
l'émolument de l'action, par exemple le droit de propriété, s'il s'agissait d'une cession de revendication.
Mais remarquons que ce n'était pas en vertu de
la cession que le cessionnaire devenait propriétaire,
la cession des actions réelles n'était pas en effet
comptée parmi les modes d'acquérir le droit de propriété, c'était par l'effet de la possession jointe au
titre sur lequel reposait la cession. En ce qui concerne l'action négatoire, dont le but était de faire
constater qu'aucune servitude ne grevait la propriété,
sa nature était un obstacle à la cessibilité. Seulement,
le propriétaire pouvait donner à un tiers mandat à

l'effet de bénéficier des dommages-intérêts auquel le défendeur était susceptible d'être condamné.

L'action confessoire, les actions qui tendaient à la reconnaissance d'un droit de superficie, d'emphytéose ou d'hypothèque étaient aussi incessibles. Le droit d'hypothèque ne subsistant pas par lui-même, n'était cessible qu'avec la créance dont il était l'accessoire : « ex nominis emptione dominium rerum obligatarum ad emptorem non transit, sed vel in rem suam procuratore facto, vel utilis, secundum ea quæ pridem constituta sunt, exemplo creditoris persecutio tribuitur » (C. 8, *De hered. vel act.*).

La règle, en vertu de laquelle toute créance était cessible, sauf quelques exceptions que nous allons bientôt énumérer, inspira autrefois aux glossateurs l'idée de rassembler ces exceptions et de les comprendre dans une formule générale. Comparant donc la matière de la cession avec celle de la transmission d'une hérédité, ils déclarèrent d'abord que *quæ non sunt transmissibilia ad heredes per cessionem non transeunt;* et ensuite : *quod est transmissibile, id est cessibile.* L'analogie existant entre la transmissibilité et la cessibilité, inspira ces maximes, bien qu'insuffisante pour les établir. Il est peu exact, en effet, d'assimiler la cessibilité à la transmissibilité par voie d'hérédité ; et pour le démontrer il suffit de dire que l'usufruit qui n'était pas transmissible aux héritiers, était cessible; que les droits litigieux étaient transmissibles aux héritiers quoique non susceptibles d'être cédés (LL. 12, § 2; 67 D. *De usufr.*)(C. 2 *De litig.*).

Nous passons maintenant aux créances incessibles, mais il faut encore faire remarquer au sujet des précédentes, que c'était bien l'action qui existait au profit du créancier, et jamais le rapport obligatoire qui formait l'objet de la cession. Ainsi, dans un contrat synallagmatique, comme la vente, l'acheteur qui cédait l'action en délivrance de la chose vendue restait tenu de l'obligation de payer le prix de vente.

L'incessibilité dérivait soit des principes généraux, soit d'une disposition expresse de la loi.

En vertu des principes généraux, étaient frappés d'incessibilité les droits qui, à proprement parler, ne faisaient pas partie du patrimoine de chacun. Par exemple, les actions pénales *populares* telles que *de sepulchro violato, de effusis et dejectis, de periculose positis et suspensis, albi corrupti.* Les actions appartenant à chaque citoyen, il eût été inutile et déraisonnable de céder à un citoyen ce qui lui appartenait déjà. Voilà pourquoi la loi 5 au Digeste *De popul. act.* dit qu'on ne pouvait intenter l'action populaire par mandataire : *qui eam movet, procuratorem dare non potest.* Cependant cette décision ne doit pas être prise dans un sens trop absolu : ainsi, dans le cas où plusieurs citoyens voulant intenter à la fois une action populaire, le magistrat accordait l'action au principal intéressé, rien ne s'opposait à ce que celui-ci exerçât l'action par l'intermédiaire d'un *procurator* (L. 42 pr. D. *De procur.*), et, sans doute aussi, d'un *procurator in rem suam.* En outre, on

voit dans la loi 5 § 5 D. *De his qui effud, vel deject.*
que l'action *De effusis et dejectis* était perpétuelle
dans la personne du blessé et annale pour toute autre personne. Or, l'année s'étant écoulée sans que
cette action ait été intentée, la victime du délit était
désormais seule capable d'en poursuivre la réparation, et pouvait céder son action. Dans l'espèce, en
effet, le motif qui était la base de l'incessibilité des
actions populaires, avait disparu.

Les actions dites *vindictam spirantes*, comme l'action d'injures, la *querela ipofficiosi testamenti*, l'action en révocation des donations pour cause d'ingratitude que le droit romain considérait « comme
tendant à protéger les biens qui sont regardés comme
devant être classés au-dessus des droits composant
le patrimoine, à savoir l'honneur, la piété, la gratitude » (Molitor) ; ces actions, disons-nous, n'étaient
pas cessibles : *Injuriarum actio in bonis nostris non
computatur, antequam litem contestemur* (L. 28 D.
De injur.). Et qu'on ne dise pas que l'exercice de
l'action d'injures pouvant être laissé à un mandataire de la victime du délit (L. 42 § 1 D. *De procur.*),
le bénéfice pouvait l'être également, car il convenait
que l'honneur des personnes fût ainsi protégé, et
non qu'il fît l'objet d'une spéculation quelconque.

N'étaient pas cessibles les droits que la nature ou la
loi ou les conventions privées avaient rendus inhérents à la personne, mais qui cependant entraient
dans le patrimoine de chacun. Tels étaient : le droit
d'usage ou d'habitation (L. 10 D. *De usu*); les *Operæ*

officiales dues par l'affranchi au patron : « sed officiales quidem futuræ nec cuiquam alii deberi possunt
quam patrono, cum proprietas earum et in edentis
persona, et in ejus, cui eduntur, constitit » (L. 9 § 1
D. *De oper. libert.*); le droit dérivant d'un pacte de
réméré, de rachat, de préférence fait en vue de la
personne du stipulant ; la créance alimentaire, car
elle était fondée sur les besoins d'une personne déterminée. Il ne fallait pas d'ailleurs que le créancier
pût se trouver dans la misère, en dissipant le prix de
cession; et c'est pourquoi le droit romain annulait
la transaction faite sur une créance alimentaire sans
l'autorisation du préteur (L. 8. pr. D. *De transact.*).

Les créances accessoires, comme la créance contre
un fidéjusseur, étaient incessibles en ce sens seulement qu'elles n'étaient pas susceptibles d'être déta-
chées de la créance principale pour être jointes à
une autre créance du cessionnaire. Mais la cession,
envisagée comme substitution du cessionnaire au
cédant dans les créances accessoires, était au contraire légale. Ainsi, le créancier garanti par un fidéjusseur pouvait céder son action contre ce dernier
sans être astreint à céder son action principale. Le
fidéjusseur était, en effet, considéré comme un *correus debendi*, or, dans l'hypothèse d'une obligation
corréale passive, le créancier était autorisé à céder
uniquement sa créance contre l'un des *correi debendi*.
Cette donnée est certaine d'après le droit de Justinien comme d'après le droit des anciens jurisconsultes : le bénéfice de discussion introduit par l'Empe-

reur ne paralysa pas le droit de cession, il ne fit que borner son effet au cas d'absence ou d'insolvabilité de la part du débiteur principal.

Enfin nous déclarons incessibles en vertu des principes généraux, les droits dont l'exercice supposait une qualité personnelle intransmissible à l'égard des tiers, comme la qualité de citoyen romain, de membre d'une corporation déterminée.

Quelques interprètes ont rendu incessibles les créances du fils à l'encontre de son père, à l'exception de celles qui rentraient dans le pécule *castrens* et réciproquement les créances du père à l'encontre du fils à moins qu'elles ne rentrassent dans le passif du pécule. Ils argumentent en ce sens des textes du Digeste : lois 4 *De judic.* et 7 *De oblig. et act.* d'après lesquelles « lis nulla nobis esse potest cum eo quem in potestate habemus nisi ex castrense peculio. — Actiones adversus patrem filio præstari non possunt, dum in potestate est filius. »

En réalité, ces textes autorisent-ils la manière de voir de ces interprètes ? Nous ne saurions le croire, car la question de nullité, au sujet d'une cession consentie par le *filiusfamilias*, n'y est nullement traitée. Les textes affirment que la puissance paternelle empêche l'exercice d'une action entre le père et le fils, ils n'énoncent rien de plus.

La loi prohibait la cession des créances contestées par le débiteur et auxquelles la *litis contestatio* était venue imprimer un caractère litigieux. Cette prohibition avait été amenée peu à peu par la loi romaine. On voit en effet que la loi des Douze-Tables avait défendu sous peine d'une amende du double, de consacrer aux dieux la chose litigieuse, *ne liceat eo modo duriorem adversarii conditionem facere* (L. 3, D. *De litig.*), que plus tard un édit de l'empereur Auguste avait donné en cas de l'aliénation d'une chose litigieuse l'*exceptio litigiosi* au débiteur afin d'éviter la poursuite de l'acheteur, avait rendu le vendeur passible d'une amende en rapport avec la valeur de la chose litigieuse, et avait puni d'une amende de cinquante sesterces l'acquéreur instruit du litige (Frag. *De jure fisci* § 8) (Gaius, C. IV § 117). Ces dispositions furent consacrées par Justinien qui décida que l'acheteur de mauvaise foi abandonnerait son prix au fisc, et que l'acheteur de bonne foi pourrait exiger de son vendeur son prix et une somme égale au tiers de ce prix. *Tali*, ajoute l'empereur, *videlicet pœna non solum in aliis contractibus, verum etiam in donationibus porrigenda, ut vera æstimatione facta, eum prætii datio non est, rem ad alium transferens, mulctetur* (C. 4 *De litig.*). Par exception, Justinien permit la cession des créances litigieuses à titre de dot ou de donation en faveur du mariage, de transaction ou de partage, de legs ou de fidéicommis, hypothèses dans lesquelles l'idée de spéculation était absolument étrangère.

La constitution de Justinien visait en outre une décision de l'empereur Constantin, d'après laquelle une cession intervenant dans un litige relatif à une

créance, n'empêchait pas le procès de continuer entre
le créancier primitif et le débiteur, *tanquam si nihil
factum sit, lite nihilominus peragenda* (C. 2 *De litig.*).
Constantin avait dû déclarer spécialement l'incessibilité des créances litigieuses, car les dispositions
législatives antérieures ne se rapportaient, à vrai dire,
qu'aux droits réels litigieux, si l'on excepte la défense
déjà faite au fisc et à l'empereur de se rendre cessionnaire de créances litigieuses, comme il arrivait que
certains créanciers leur cédaient des créances afin
de susciter à leurs débiteurs les adversaires les plus
considérés par leur crédit et par suite les plus dangereux (L. 22 D. *De jur. fisc.*). La prohibition qui re-
gardait l'empereur et le fisc fut étendue aux *potentiores* par une constitution de Dioclétien et de
Maximien confirmée par Arcadius, Honorius et
Théodose (C. C. 1, 2 *Ne lic. pot.*).

SECTION II

QUELLES ÉTAIENT LES PERSONNES CAPABLES D'ÊTRE CÉDANTS OU CESSIONNAIRES?

La règle générale était que toute personne capable
d'intervenir dans un contrat, jouait efficacement le
rôle de cédant ou de cessionnaire. Cependant, la cession ne se pratiquant que par un mandat, il en résultait que le cédant et le cessionnaire devaient

avoir la capacité, l'un de consentir un mandat, l'autre de postuler pour autrui. Le jurisconsulte Paul dit, en effet : *in rem suam cognitor procuratorve ille fieri potest, qui pro omnibus postulat* (Sent, liv. 2, t. 2, § 3).

Les personnes incapables étaient les suivantes :

Les individus notés d'infamie ne pouvaient se rendre ni cédants, ni cessionnaires, étant incapables de se faire représenter en justice et de postuler pour autrui. Justinien fit disparaître cette incapacité (Paul, Sentences, liv. 1, tit. 2 § 1) (Just., Institutes, § 11 *De except.*).

Les femmes, les militaires, les muets, les sourds, les aveugles ne pouvaient être cessionnaires, ne postulant pas pour autrui, sauf pour les femmes en faveur de leurs ascendants empêchés et dépourvus de représentants (L. 43 *De procur.* — L. 1 § 5 *De postul.*). Cependant, les femmes et les militaires eurent dans la suite la faculté de se rendre cessionnaires (Paul., Sent. 1, 2 § 2, Instit., § 11 *De except.*).

Étaient encore incapables d'être *procuratores in rem suam* pour la même raison, les *personæ turpes* comme les gladiateurs, les individus condamnés à la peine capitale.

L'esclave n'agissait pas en justice, il ne pouvait donc constituer un *procurator in rem suam* ; mais s'il vendait une créance de son pécule, l'acheteur pouvait forcer le maître à lui donner un mandat *ad litem*, au moyen de l'action *empti de peculio* (LL. 8 et 33, *De procur.*).

Dans le droit antérieur à Justinien, le cessionnaire ne cédait pas valablement son action avant la *litis contestatio*, car seulement alors, il s'appropriait l'action et la faisait sienne (L. 32, *De donat.*).

Le *furiosus*, le prodigue et les personnes qui leur furent assimilées par le préteur ; l'*infans*, l'*infanti proximus*, êtres réputés sans intelligence, ne pouvaient pas évidemment jouer un rôle quelconque dans une cession. Le *pubertati proximus* au contraire jouait fort bien le rôle de cédant avec l'*auctoritas* de son tuteur, et celui de cessionnaire sans le secours de ce dernier, ayant la capacité de rendre sa condition meilleure.

Le mineur de vingt-cinq ans avait toujours la faculté de se rendre cessionnaire, ceci n'est pas douteux ; mais p . . ..t il être cédant sans l'assistance de son curateur ? Ul scrit (C. ?, *De in integr. rest.*) de Dioclétien et de Maximien porte : *si curatorem habens minor quinque et viginti annis post pupillarem ætatem res vendidisti, hunc contractum servari non oportet : cum non absimilis ei habeatur minor curatorem habens, cui a prætore curatore dato, bonis interdictum est. Si vero sine curatore constitutus contractum fecisti : implorare in integrum restitutionem, si necdum tempora præfinita excesserint, causa cognita non prohiberis.* Donc, d'après ce texte, quand un mineur de vingt-cinq ans avait un curateur général, seul il ne cédait pas une créance avec efficacité.

Mais voici comment Modestin s'exprimait à son tour : *Puberes sine curatoribus suis possunt ex stipulatu obligari* (L. 101, *De verb. oblig.*)

Apparemment, cette décision semble toute contraire à la première. Est-elle en réalité en désaccord avec elle? Bien des moyens de conciliation ont été tentés : on a dit, par exemple, que le rescrit avait trait au consentement du curateur, tandis que Modestin faisait allusion à sa présence effective, explication inadmissible en présence des lois 43 *De oblig. et act.* et 141 § 2 *De verb. oblig.* On a dit qu'il s'agissait dans le rescrit de la capacité d'aliéner, tandis que le jurisconsulte parlait de celle de s'obliger. Nous n'admettons pas davantage cette allégation et pour deux raisons. D'abord, le rescrit met le mineur sur le même pied que l'interdit : or celui-ci ne s'obligeait pas plus qu'il n'aliénait. Et puis le mot *vendere* dont les empereurs ont usé signifiaient non pas aliéner, mais bien s'obliger.

Ces moyens de conciliation nous paraissant insuffisants, nous inclinions à penser avec quelques auteurs et notamment avec M. Demangeat « que la constitution 3 *De in integr. rest.* n'est pas susceptible d'être mise d'accord avec les textes du Digeste, d'où il résulte que le pubère, même mineur de vingt-cinq ans, était parfaitement capable de s'obliger, sauf la possibilité d'obtenir du préteur, suivant les cas, l'*in integrum restitutio* contre son obligation. Cette loi 3 consacre une règle nouvelle d'après laquelle il faut distinguer si le mineur a ou n'a pas un curateur.

Pour le cas où il n'en a pas, les anciens principes sont maintenus ; mais pour le cas où il en a un, il est admis désormais qu'il doit être traité comme un pupille en tutelle ou comme un prodigue interdit, en ce sens que l'obligation qu'il voudrait contracter sans l'assistance de son curateur serait nulle, et non pas seulement rescindable pour cause de lésion par voie d'*in integrum restitutio*. »

Le fisc, l'empereur étaient incapables d'être cessionnaires. Il en était de même des *potentiores*, ainsi que nous l'avons déjà dit. Ces derniers, d'après Barthole et Dumoulin, étaient ceux *qui ratione officii sui et magistratus quem gerebant, prævalebant*, et d'après Cujas, *qui gratia et opibus pollebant et conventu erant difficiles*. La dénomination de *potentiores* s'appliquait probablement aux hommes puissants dont l'influence allait rendre la position du débiteur plus difficile, en dépit de l'équité. Les empereurs Arcadius et Honorius ont dénoncé cette injustice, *aperta credentium videtur esse voracitas, qui alios actionum suarum redimunt exactores*, et ils ont puni ces créanciers de la perte de leurs créances.

Cette punition qui retombe sur le cédant, a fait croire à certains interprètes du droit romain que la constitution ne prohibait que les cessions fictives, c'est-à-dire celles qui ne font intervenir le cessionnaire que fictivement pour tirer profit de son influence, mais nous ne saurions accepter cette restriction en présence des termes absolus de la constitution et de sa rubrique : « Ne liceat potentioribus patrocinium litigantibus præstare vel actiones, in se transferre. »

Qui bénéficiait de la déchéance? était-ce le fisc? était-ce le débiteur? Nous pensons que c'était le débiteur : « Tunc enim infirmum esse volumus quod agitur et non posse ullam actionem valere cessam adversus eum, cujus prius curam administraverat, sed pro non facto id esse et lucrum fieri adolescentis. (Novelle 72, chap. 5.)

D'après cette Novelle, les tuteurs ne pouvaient accepter la cession d'une créance contre leur pupille, quoique postérieure à la tutelle, si la créance existait au temps de la tutelle. On craignit que le tuteur ne supprimât les preuves de la libération du pupille. Ce qui était vrai du tuteur, était vrai du curateur. (L. 19, *De condic. indeb.*)

Les avocats ne pouvaient, sous peine de destitution, se faire céder pour honoraires une partie des bénéfices du procès. (C. 5, *De postul.*)

Enfin n'étaient pas cessibles les créances des Juifs contre les chrétiens. On voit dans le Code de Justinien, que les Juifs ont vu plusieurs fois l'exercice de leurs droits restreint par des constitutions impériales. C'est ainsi que Constantin défendit qu'un esclave chrétien passât sous la puissance d'un Juif, que Justinien interdit aux Juifs de se rendre possesseurs d'un esclave chrétien. (C. 1, *Ne christ. mancip.*)

Supposons un payement effectué par erreur entre les mains d'un cessionnaire incapable. Le débiteur avait-il le droit d'intenter la *condictio indebiti,* ou,

au contraire, était-il tenu d'une obligation naturelle qui écartait cette *condictio?* On a invoqué dans
ce second sens la loi 19 *De condict. ind.* ainsi conçue :
*si pœnæ causa ejus, cui debetur, debitor liberatus
est, naturalis obligatio manet.* Quant à nous, nous
croyons à la possibilité d'intenter la *condictio indebiti,*
car d'une part la loi 19 est toute spéciale, d'autre
part les termes absolus de la constitution de Théodose : *debiti creditores jactura mulctentur,* s'oppo-
sent au maintien d'une obligation quelconque.

SECTION III

QUELLE DISTINCTION ÉTABLISSAIT-ON ENTRE LES CESSIONS?

On distinguait deux sortes de cessions : la cession
volontaire qui émanait du consentement des parties,
la cession nécessaire qui dérivait de la loi. La première était régie par les principes relatifs aux conventions, la seconde avait lieu dans des cas qu'il importe d'énumérer.

Le juge de l'action *familiæ erciscundæ* obligeait les
cohéritiers à stipuler et à promettre le *mandatum actionum* à l'occasion d'une créance héréditaire qu'il
adjugeait à l'un d'eux. Ce pouvoir du juge dérivait
de la loi des Douze-Tables qui n'admettait pas que
les créanciers pussent rester dans l'indivision : *ea
quæ in nominibus sunt, non recipiunt divisionem :*

cum ipso jure in portiones hereditarias ex lege XII Tabularum divisa sint. (C. 6, Fam. ercisc.)

Le mandataire et le gérant d'affaires agissant en leur propre nom et les actions naissant en leur personne, il fut décidé que si un droit avait été acquis par leur intermédiaire le mandat et le *dominus negotii* pourraient les forcer à le leur céder au moyen des actions *mandati et negotiorum gestorum* (L. 8, § 10, D. *Mand.*).

En cas de *legatum nominis*, l'héritier pouvait être astreint à la cession des actions relatives à la créance (L. 44, § 6 D. *De leg.*).

Tout individu détenteur d'une chose due, devait céder les actions qui lui compétaient à l'occasion de cette chose. C'est ainsi que le vendeur d'une chose volée avant la tradition était tenu de céder à l'acheteur l'action en revendication et la *condictio furtivâ* (L. 35, § 4 *De contr. empt.*), que le possesseur de bonne foi d'une hérédité devait céder au véritable héritier les actions relatives aux objets qu'il avait aliénés (LL. 20, § 17; 40 § 2, *De hered. petit*), que l'héritier devait céder au légataire l'*actio legis Aquiliæ*, si par exemple l'esclave ou l'animal légué avait été tué ou blessé par un tiers (L. 15 pr. *Ad leg. Aquil.*); que le dépositaire qui avait remis le dépôt à un tiers, devait céder au déposant l'action *depositi* (L. 16, *Depos.*), que le créancier gagiste devait céder l'action *pigneratitia contraria* à l'acheteur de son gage (L. 38, *De evict.*).

Celui qui avait été entièrement dédommagé à

l'occasion d'une perte par lui éprouvée, était obligé de céder les actions qui pouvaient lui appartenir, à la personne qui l'avait indemnisé. Ainsi l'armateur, l'hôtelier, le *stabularius* responsables des vols et dommages commis dans leurs hôtel et navire avaient droit à la *condictio furtiva* et à l'action de la loi *Aquilia*, après avoir réparé le préjudice (L. 6 § 4, *Naut. caup.*). On appliquait ici le principe *ubi incommoda, ibi et commoda esse debent :* quiconque devait payer l'estimation de la chose endommagée, pouvait se faire céder par le propriétaire les actions relatives à cette chose, et il le pouvait alors même qu'il s'était rendu coupable de dol. Les lois 12 *De re judic.* et 14 *De serv. corrupt.* le disent formellement à propos du commodataire, du dépositaire et du corrupteur d'un esclave. Un cas cependant faisait échec à cette règle, c'était celui où un défendeur à une revendication s'était dépouillé frauduleusement de l'objet revendiqué : *is qui dolo fecit quominus possideret, hoc quoque nomine punitur, quod actor ei cavere non debet, actiones quas ejus rei nomine habeat, se ei præstaturum* (*L.* 69, D. *De rei vindic.*).

Quand un créancier gagiste avait aliéné son gage sous clause de restitution au cas où l'acheteur ne paierait pas sa dette dans un certain délai, l'acheteur pouvait être contraint de céder au débiteur son action *venditi* (LL. 7 pr. *De distract. pign.* ; 13 *De pign. act.*).

Le bénéfice *cedendarum actionum* dont jouissait celui qui, par suite de la rigueur du droit, avait dû payer intégralement une dette dont il était tenu avec ou pour d'autres, faisait l'objet d'une cession nécessaire. Les lois 95 § 10, *De solut.*, 25, *De admin. et peric. tul.*, 10 § 5, *Famil. ercisc.* appliquent ce principe au tuteur condamné pour n'avoir pas poursuivi le débiteur en temps opportun, au curateur responsable de la perte du procès d'un mineur contre son tuteur, au *filiusfamilias* qui, héritier particulier de son père, avait acquitté une dette du pécule rapporté à la succession.

A ces personnes joignons les fidéjusseurs, les codébiteurs solidaires, les *mandatores pecuniæ credendæ*, le tiers acquéreur de la chose hypothéquée. Quelques auteurs ont prétendu que le bénéfice *cedendarum actionum* ne pouvait être invoqué par de véritables *correi promittendi*, qu'il était réservé uniquement aux débiteurs tenus d'une action *bonæ fidei*, mais cette distinction ne nous paraît pas acceptable en présence de la décision suivante du jurisconsulte Papinien : « Rem hereditariam pignori obligatam heredes vendiderunt, et evictionis nomine pro partibus hereditariis spoponderunt ; cum alter pignus pro parte sua liberasset, rem creditor evicit : quærebatur an uterque heredum conveniri possit ? Idque placebat, propter indivisam pignoris causam ; nec remedio locus esse videbatur, ut per doli exceptionem actiones ei, qui pecuniam creditori dedit, præstarentur : quia non duo rei facti proponerentur... » (L. 65, *De evict.*)

Il faut remarquer que la cession faite aux fidéjus-

seurs et aux codébiteurs corréaux devait tout au
moins être demandée avant la *litis contestatio* dont
l'effet était de libérer les coobligés et que la cession
faite aux codébiteurs *in solidum* devait l'être avant
le payement d'où résultait l'extinction de la créance.
Toutefois ces règles modifiées d'abord par l'introduc-
tion des actions utiles données aux débiteurs qui
payaient sur les poursuites du créancier avant d'exiger la cession, furent abrogées par la Constitution 28
de l'empereur Justinien. (C. *De fidej.*)

Au contraire, le *mandator pecuniæ credendæ* pouvait se faire céder les actions contre le débiteur principal, même après le payement. Papinien le compare au tuteur responsable des dettes contractées par
les tiers à l'égard du pupille : « Mandatore convento
et damnato, quanquam pecunia soluta sit, non li-
berari debitorem ratio suadet ; sed et præstare debet
creditor actiones mandatori adversus debitorem, ut
ei satisfiat. Et huc pertinet tutoris et pupilli debitoris
nos fecisse comparationem : nam cum tutor pupillo
tenetur ob id quod debitorem ejus non convenit, neque judicio cum altero accepto liberatur alter ; nec,
si damnatus tutor solverit ea res proderit debitori ;
quin etiam dici solet tutelæ contraria actione agendum ut ei pupillus adversus debitores actionibus ce-
dat. » (L. 95, § 10, *De solut.*)

Qu'arrivait-il lorsque le créancier avait par son
fait rendu la cession impossible ? L'exception de dol
lui était-elle opposable ? Il faut à cet égard distinguer entre les différentes classes de débiteurs. Les

débiteurs *in solidum* avaient l'usage de l'exception, car ils étaient tenus en vertu d'une convention *bonæ fidei* (LL. 45, *De adm. et peri. tut.*; 95, §11, *De solut.*); au contraire, les débiteurs corréaux étant tenus par suite d'un contrat de droit strict n'en jouissaient pas. (LL. 15, § 1, *De fidej.* ; 22, *De pact.*) Notons qu'en cas de *fidejussio indemnitatis*, le fidéjusseur n'étant tenu que d'indemniser le créancier du préjudice que lui cause l'insolvabilité du débiteur principal, il lui était permis d'opposer l'exception de dol au créancier qui n'avait pas actionné le débiteur en temps opportun. (L. 41, *De fidej.*). Cette situation particulière devint celle de tout fidéjusseur en général, après que l'empereur Justinien eut introduit le bénéfice de discussion. (Novelle IV, ch. 1.)

SECTION IV

COMMENT S'OPÉRAIT LA CESSION?

La cession envisagée au point de vue des conditions dans lesquelles elle s'effectuait entraînait l'abandon du droit principal avec tous ses accessoires. Elle s'étendait aux intérêts comme au capital, à l'action *adjectitiæ qualitatis* comme à l'action principale. Elle comprenait le bénéfice de la *restitutio in integrum*, les actions accessoires qui servaient de garantie au payement de la créance. (LL. 34, *De leg.* 3°, 24 pr., *De min. XXV annis*; 14, *De hered. vel act.*, 23, *eod. tit.*)

Quant aux formes qui accompagnaient la cession, elles consistaient soit dans l'exercice d'actions utiles, soit dans une autorisation ou dans un acte du juge (LL. 15 § 8, *De confess.* 3, *Famil. ercisc.*), soit dans un fait de l'homme, comme la *procuratio in rem suam.*

SECTION V

QUELS ÉTAIENT LES EFFETS DE LA CESSION ?

L'étude des effets de la cession se divise utilement en deux parties : 1° effets de la cession entre le cédant et le cessionnaire ; 2° effets de la cession entre le cessionnaire et le débiteur cédé.

§ I

En général, la cession de créance produisait entre le cédant et le cessionnaire les mêmes effets que le contrat qui lui servait de cause. Or ce contrat pouvait être soit une vente, soit une *datio in solutum,* soit une donation, etc. Le plus souvent, c'était une vente et alors l'obligation du cédant était de livrer et de garantir.

La délivrance consistait dans la remise des titres et documents propres à établir la créance. De plus, en cas de contestation en justice, le cédant était obligé d'assister le cessionnaire auprès du magistrat, de l'aider à repousser les exceptions opposées par le débiteur, et de lui restituer les sommes qu'il avait déjà recouvrées : *Nominis venditor, quidquid vel compensatione vel exactione fuerit consecutus, integrum emptori restituere compelletur.* (L. 213 § 1, *De hered. vel act. vend.*)

Cette délivrance n'avait pas seulement trait à l'action principale, mais elle se rapportait encore aux actions accessoires qui découlaient ou d'une fidéjussion, ou d'un gage ou d'une hypothèque, etc. Nous savons toutefois qu'à partir des actions utiles, cette délivrance s'effectua de plein droit, aussi fut-elle dès lors réduite à la prestation du titre et sûreté de la créance.

Mais le créancier était-il obligé de transmettre au cessionnaire la possession d'un gage mobilier dont il était dépositaire ou d'un immeuble dont il jouissait à titre de créancier antichrésiste? Nous ne le pensons pas : cette remise eût été superflue, le cessionnaire ayant l'action *pignoratitia* pour sauvegarder ses droits. Elle eût même été fort peu juridique et fort peu équitable, puisque la constitution de gage ou d'antichrèse suppose que le débiteur a suivi la foi du créancier, qu'il n'a pas entendu livrer son bien à un inconnu capable peut-être d'en abuser.

L'obligation de garantie imposée au cédant portait sur l'existence et la sincérité du titre, elle ne touchait pas à la solvabilité du débiteur : « si nomen sit distractum, locupletem esse debitorem, non debet præstare : debitorem autem esse, præstare, nisi aliud convenit. Et quidem sine exceptione quoque nisi in contrarium actum sit. Sed si certæ summæ debitor dictus sit, in eam summam tenetur venditor : si incertæ et nihil debeat, quanti intersit emptoris (L. 4, *De hered. vel act.*). Qui nomen quale fuit vendidit, duntaxat ut sit, non ut exigi etiam aliquid possit et dolum præstare cogitur (L. 74, § 3, *De evict.*). Periculum pignorum nominis venditi ad emptorem pertinere, si tamen probetur eas res obligatas fuisse (L. 30, *De pignorib.*). »

Nous ne croyons pas, contrairement à certains auteurs allemands, que le cessionnaire à qui la créance avait été cédée à titre de *datio in solutum* eût plus de droits par rapport à la garantie, que le cessionnaire ordinaire.

Voici un texte du Digeste qui est précis à cet égard : « Soror cui legatum ab herede fratre debebatur, post motam legati quæstionem transegit, ut nomine debitoris contenta legatum non peteret : placuit, quamvis nulla delegatio facta, neque liberatio secuta esset, tamen nominis periculum ad eam pertinere. Itaque si legatum contra placitum peteret, exceptionem pacti non inutiliter opponi (L. 96, § 2, *De solut. et liberat.*). »

Il est à peine besoin de faire remarquer que l'hypothèse du dol commis par le vendeur était en dehors de la règle : « Qui nomen quale fuit, vendidit, duntaxat ut sit, non ut exigi etiam aliquid possit, sed et dolum præstare cogitur (L. 74, § 3, *De evict.*). Mais il faut aller plus loin : En vertu de la bonne foi qui caractérisait tout contrat de vente, le vendeur ou le cédant devait dévoiler tout ce qu'il savait et tout ce que le cessionnaire avait intérêt à savoir au sujet de la créance vendue. Aussi, s'il était justifié que le vendeur avait dissimulé l'insolvabilité du débiteur dont il avait une pleine connaissance, et que par conséquent il avait péché contre la bonne foi, le cessionnaire avait le droit de le contraindre à reprendre la créance, à restituer le prix, indépendamment de toute stipulation à cet égard et même nonobstant une stipulation contraire. — Le discours qu'aurait tenu le cédant vis-à-vis du cessionnaire pour l'engager à se rendre acquéreur de la créance n'imposait aucune obligation au cédant qui n'avait pas manqué à la bonne foi : *consilii non fraudulenti nulla obligatio est; cæterum si dolus et calliditas intercessit, de dolo actio competit* (L. 47, *De reg. jur.*).

Rien n'empêchait que les parties, par des clauses privées, ne diminuassent et même ne fissent disparaître entièrement la garantie, ou, à l'inverse, qu'elles ne l'augmentassent en l'étendant par exemple à la solvabilité soit présente, soit future du débiteur, aux sûretés accessoires ainsi qu'à la qualité de ces dernières (L. 30, *De pign.*).

Lorsque la créance n'existait pas en fait, qu'elle était susceptible d'être écartée par une exception perpétuelle (L. 13, D. *De reg. jur.*), le cédant devait restituer au cessionnaire son prix, en dépit même d'une clause de non-garantie visant l'existence de la créance, sauf le cas où l'objet de la cession consistait dans une simple prétention (L. 11, § 18, *De act. empt.*). Il devait. en outre payer des dommages-intérêts dont le *quantum* était égal au montant de la créance, si celui-ci était déterminé, sinon à l'estimation de ce que le cessionnaire aurait pu retirer de la créance (L. 5, *De hered. vel act.*).

Quand la créance existait en fait et en droit, mais dans l'intérêt d'un autre que le cédant, le *quantum* des dommages-intérêts équivalait à la valeur de la créance (L. 8, *De hered. vel act.*).

Nous avons supposé jusqu'à présent une cession faite à titre onéreux : avait-elle lieu à titre gratuit, le cédant n'était pas astreint à garantir la sûreté du titre, il n'était tenu que de son dol (L. 18, § 3, *De donat.*). Il suffisait, par exemple, à l'héritier grevé du legs d'une créance de céder ses actions pour se trouver entièrement libéré (L. 75, § 1, *De leg.* 1°). — La cession avait-elle lieu à titre de dot, le cédant devait garantir l'existence de la créance, car par rapport au mari, la cession était un acte à titre onéreux, mais il n'était nullement tenu de la garantie de la solvabilité. On ne saurait argumenter dans un sens contraire de la loi 49 *De solut. matrim.*, car cette loi n'est que l'application du principe en vertu duquel le mari ne devait restituer à la dissolution du mariage que les choses par lui reçues.

En commençant cette première partie de la section relative aux effets de la cession, nous avons dit

que la cession de créance produisait entre le cédant
et le cessionnaire les mêmes effets que le contrat d'où
elle dérivait. Toutefois ceci n'est pas absolument
vrai ; on comprend sans peine que le caractère propre
de la créance devait parfois faire échec à cette règle.
C'est ainsi que la garantie de la cession à titre de
vente, par suite de la défaveur avec laquelle ce contrat était vu par les jurisconsultes romains, ne dé-
passait pas l'existence de la créance et de ses sûretés
énoncées au contrat, tandis qu'en matière de vente,
l'obligation du vendeur était beaucoup plus étendue,
puisqu'elle consistait à procurer à l'acheteur une
possession paisible et utile, à lui promettre protection et défense contre tout trouble ou éviction. C'est
ainsi qu'une lésion de plus de moitié n'était pas,
comme dans la vente, une cause d'annulation de la
cession. En effet, quel était le fondement de la rescision de la vente pour lésion de plus de moitié accordée au vendeur d'un immeuble ? c'était d'abord le
prix presque infini que les peuples primitifs atta-
chaient aux immeubles, c'était ensuite l'ignorance
du vendeur au sujet de la valeur de l'objet de la
vente. Or, la créance n'avait pas aux yeux des Romains la valeur d'un immeuble, et celui qui vendait
une créance certaine quant à son objet, savait au
juste ce qu'il cédait. Au surplus, l'objet de la créance
fût-il incertain, l'action en rescision qui supposait
une chose d'une valeur déterminée en elle-même au
moment de la vente, n'était pas possible en matière
de cession, car c'était seulement après l'accomplis-

sement de la cession, alors que l'action avait été intentée contre le débiteur, que la valeur de la créance pouvait être connue.

Les modalités qui pouvaient affecter la cession, rentrent dans la règle générale. Ainsi la créance était-elle vendue à terme, la cession était parfaite dès l'accord de volonté et l'exécution en était remise *post diem ;* était-elle vendue conditionnellement, la cession suivait le sort de la condition : parfaite si la condition se réalisait, elle s'éteignait si la condition s'évanouissait. La condition réalisée avait un effet rétroactif et le cessionnaire souffrait de toute diminution survenue dans la solvabilité du débiteur, de même qu'il profitait de toutes les garanties qui s'étaient ajoutées à la créance *pendente conditione.*

La cession, avant sa notification au débiteur, ne modifiait en rien les rapports existant entre celui-ci et le créancier. Le cédant pouvait exiger le payement, et le débiteur l'effectuer et se libérer. De même l'exception de compensation était susceptible d'être invoquée par le débiteur sur les poursuites du créancier. La notification faite par le cessionnaire rompait les rapports établis entre le cédant et le cédé, elle imposait au débiteur l'obligation de se libérer envers le cessionnaire, en dépit même d'une notification contraire faite par le cédant. — C'est pourquoi, la cession d'une créance ayant été faite successivement à deux cessionnaires, la notification faite par le premier, l'emportait toujours sur celle du second : « en effet, le créancier n'a pu céder à celui-ci plus de droits qu'il n'en avait lui-même; or, sa propre notification aurait été primée par celle du premier cessionnaire; donc, celle du second cessionnaire devait être primée aussi, cette dernière fût-elle faite même avant la notification du premier. Mais ceci n'empêcherait pas le second cessionnaire d'user du reste des droits dont le cédant aurait pu encore user lui-même avant la notification du premier cessionnaire, à savoir, de percevoir le payement, de compenser, de transiger, etc., actes dont le cédant porterait dans ce cas la responsabilité envers le cessionnaire. » Molitor (*Oblig.* II, 1218.)

La créance cédée concernant deux débiteurs solidaires, devait être notifiée à l'un et à l'autre, sinon, le payement fait au cédant, par celui qui n'a pas été touché de la notification, libérait l'autre codébiteur à qui la notification avait été faite.

§ II

Nous passons aux effets de la cession entre le cessionnaire et le débiteur cédé, en observant que le cessionnaire n'étant vis-à-vis du débiteur cédé que le *procurator* du cédant, il devait d'une part pouvoir faire valoir les mêmes droits et d'autre part subir les mêmes restrictions que le mandant, que le payement s'effectuant entre les mains d'un autre que le créancier, la situation des parties, bien que la créance cédée ne pût être altérée, n'en était pas moins modifiée.

Sous le bénéfice de cette observation, demandons-nous si le cessionnaire jouissait de la même manière que le cédant des priviléges légaux qui appartenaient à ce dernier. Trois systèmes différents ont été émis sur ce point.

D'après un premier système, les priviléges qui dérivaient de la qualité de la créance et qui pour cela étaient appelés par les partisans de ce système *privilegia causa* par opposition aux *privilegia persona* accordés en considération de la personne, pouvaient seuls être exercés par les cessionnaires. Ces *privilegia causa* étaient, par exemple, les priviléges attachés aux frais funéraires, aux frais faits pour la réparation ou l'armement d'un navire, pour la reconstruction ou l'achat d'une maison (LL. 17 *qui pot. in pign.*; 26, 34, 24 § I, *De reb. auct. jud. poss.*; 25, *De reb. cred.*) Les *privilegia persona* étaient, par exemple, les priviléges accordés à la femme pour la restitution de sa dot, aux pupilles, aux mineurs contre leurs tuteur et curateur. Le texte sur lequel on fonde cette distinction entre les priviléges est la loi 68, *De reg. jur.* ainsi conçue : « In omnibus causis id observatur : ut ubi personæ conditio locum facit beneficio, ibi deficiente ea, beneficium quoque deficiat : ubi vero genus actionis id desiderat, ibi, ad quemvis persecutio ejus devenerit, non deficiat ratio auxilii. » Cette distinction a permis de concilier la loi 41, *De adm. tut.* dans laquelle le jurisconsulte Papinien refuse au tuteur condamné pour le tout et constitué *procurator in rem suam* à l'encontre de ses co-tuteurs le privilége du mineur, « quod nec heredi pupilli datur : non enim causæ, sed personæ succurritur, quæ meruit præcipuum favorem ; » et la loi 24 § 3, *De reb. auct. jud.* dans laquelle le jurisconsulte Ulpien reconnaît le transport des priviléges au profit du cessionnaire. Dans la première de ces lois, on reconnaît un *privilegium personæ*, dans la seconde un *privilegium causæ*. Ce système, malgré cet avantage, ne nous semble pas acceptable, à cause de son caractère purement arbitraire. En effet, dans les textes, il n'est question de *privilegia personæ* qu'au point de vue de l'intransmissibilité de ces priviléges aux héritiers (L. 196, *De reg. jur.*), matière étrangère à la nôtre, ainsi que nous l'avons établi plus haut. Ajoutons, pour achever de détruire ce système, que l'*in integrum restitutio* accordée au mineur, privilége que chacun considérerait à bon droit comme un *privilegium personæ*, était susceptible d'être réclamée par un cessionnaire majeur (L. 24, *De min.*).

D'après un deuxième système, pour faire valoir efficacement les priviléges du cédant, le cessionnaire devait user d'une action directe, non d'une action utile. Cette nouvelle distinction n'est pas plus admissible que la précédente, et l'examen du caractère né du mandat de l'action utile suffit, à lui seul, à réfuter cette opinion.

Enfin, un troisième système que nous adoptons, consiste à examiner séparément chaque privilége et à le comparer avec les principes que nous avons exposés déjà et que résument les deux textes suivants : « Id inter ementem et vendentem agitur, ut neque amplius neque minus juris emptor habeat quam apud heredem futurum fuisset.—Exemplo creditoris, persecutio tribuitur »(C. C. 6, 8, *De hered. vel act. vend.*). En conséquence, on décide que les priviléges attachés au fond du droit lui-même passaient au cessionnaire contrairement aux priviléges judiciaires, comme ceux d'appeler son débiteur devant son propre tribunal, ou devant un juge spécial comme le fonctionnaire *rationalis* (C. 5, *ubi causæ fiscales*), de faire juger la cause sans appel, de demander caution, priviléges auxquels la loi avait donné une destination spéciale; que les priviléges à la fois attachés à la personne et unis à la créance ne passaient au cessionnaire qu'au point de vue de leur émolument (L. 68, *De reg. jur.*) ; qu'au contraire les priviléges attachés uniquement à la personne comme le droit de préférence accordé à certains créanciers d'être payés par préférence aux autres chirographaires ne suivaient pas le cessionnaire. Qu'on n'objecte pas à cette doctrine la loi 43, *De usur. et fruct.*, ainsi conçue : *Herennius Modestinus respondit, ejus temporis, quod cessit, postquam fiscus* (le fisc pouvait exiger des intérêts de ses débiteurs, même en l'absence de toute convention à cet égard) *debitum percepit, eum qui, mandatis a fisco actionibus, experi-*

*tur, usuras, quæ in stipulatum deductæ non sunt,
petere posse.* Car, outre que ce texte ne présente pas
toutes les garanties désirables d'intégralité, comme
on lit dans les Basiliques : *si me solvente fisco debitum
tuum, fiscus mihi cesserit nomen tuum, temporis
post solutionem a me factam præteriti usuras a te
NON petam, nisi eas stipulanti spoponderim,* on peut
donner sur la loi 43 une explication conforme à notre
doctrine. Il est très-probable, en effet, que Modestin
avait eu en vue le cas le plus fréquent, celui où
le cessionnaire du fisc réclamait aussitôt après la
cession les intérêts susceptibles d'échoir depuis le
jour de la succession jusqu'au moment de la cession.
Et dès lors, le jurisconsulte pouvait, s'exprimant
affirmativement, dire *petere posse.*

En vertu de la raison et de l'équité, le cessionnaire
qui faisait valoir la créance cédée eût invoqué en
vain les priviléges inhérents à sa personne. En outre
la loi 38, *De minor.,* insérée au Digeste, ne permet pas
d'argumenter de la qualité d'ayant-cause du cessionnaire.

Ce principe souffrait-il une exception en faveur du
fisc? Non : les priviléges du fisc étaient déjà trop
nombreux, trop exorbitants pour qu'il nous soit
permis de les étendre, en dehors d'une disposition
législative. Or, dans l'espèce, il n'y a aucun texte qui
autorise l'extension. Les lois 6, *De juri fisci,* et 17,
§ 6, *De us. fruct.,* ont trait à la transmission par
voie d'hérédité.

Nous avons parlé jusqu'ici des exceptions qui

étaient opposables au débiteur cédé de par le cessionnaire, voyons maintenant les exceptions que le cédé avait droit d'opposer au cessionnaire du chef du cédant. A cet égard, la règle était que le cédant ne pouvant modifier à son gré la position du débiteur, le cessionnaire supportait toutes les exceptions opposables à son auteur. Cependant les exceptions de procédure opposables au cédant ne l'eussent pas été au cessionnaire, car bien que faisant valoir le droit d'autrui, le cessionnaire n'agissait pas moins *suo nomine* en intentant le procès. Ainsi le cessionnaire citoyen romain n'eût pas eu à fournir la caution à laquelle le cédant eût pu être tenu en sa qualité d'étranger. De plus, le débiteur n'eût pu opposer au cessionnaire les exceptions ayant une cause postérieure à la signification de la cession, car à cette époque le cédant n'était plus apte à recevoir un payement capable de libérer le débiteur.

Reste à faire l'application de la règle, c'est-à-dire à se demander quelles étaient les exceptions opposables au cessionnaire par le débiteur cédé. Pour mettre de l'ordre dans cette partie de notre étude, nous établirons quatre classes d'exceptions en nous fondant sur leur origine. Et, en effet, les exceptions découlaient soit de la cause même de la créance, soit de la personne du cédant, soit de la personne du cessionnaire, soit enfin de la personne même du débiteur cédé.

Les exceptions de la première classe, celles qui découlaient de la cause même de la créance, comme

l'*exceptio indebiti*, l'*exceptio non numeratæ pecuniæ*, l'*exceptio senatus consulti Macedoniani*, l'*exceptio senatus consulti Velleiani*, etc., exceptions qui
toutes entraient dans la constitution même de la
créance, étaient certainement opposables au cessionnaire.

Celles de la deuxième classe, c'est-à-dire celles qui
dérivaient de la personne même du cédant, comme
le payement fait au cédant (C. 4, *quæ res pign.*), la
compensation (LL. 4 et 5, *De compens.*; 23, § 1, *De
hered. vel act. vend.*), la prescription (L. 70, § 2, *ad
sen. Treb.*) étaient également opposables au cessionnaire pourvu que ces faits fussent antérieurs à la signification de la cession.

La question de savoir si les exceptions *doli* et *pacti
de non petendo in personam* provenant de la personne du cédant étaient opposables au cessionnaire,
a été diversement interprétée.

En ce qui regarde l'*exceptio doli* on s'est fondé
principalement sur la loi 4 § 27, et sur la loi 28 qui
au fond présente une espèce analogue, *de doli mali
et met. except.*, pour contester l'opposabilité du dol,
mais dans ces textes il n'est en aucune façon question
de cession. Ulpien, dans la loi 4 § 27, supposait que
Primus avait vendu un certain objet à Secundus qui,
s'étant rendu coupable de dol à l'encontre du vendeur, avait revendu à Tertius l'objet, lequel s'était
par hasard retrouvé au pouvoir de Primus. Tertius
le revendiquant s'était vu opposer par Primus le dol
de son auteur Secundus. Le jurisconsulte se deman-

dant si l'exception devait l'emporter, *an de auctoris dolo exceptio emptori objicitur*, répondait négative-ment. Cette décision était conforme aux principes qui tout en accordant des actions personnelles contre l'auteur du dol, ne l'empêchait pas d'acquérir la propriété de l'objet vendu. Propriétaire, il pouvait à son tour en transférer la propriété, ce qui rendait la revendication du nouvel acquéreur parfaitement légitime. Maintenant, est-il possible d'étendre cette solution à la matière qui nous occupe, d'en tirer cette conséquence que le dol n'était pas opposable au cessionnaire? Non, certainement, car le transport de la propriété était tout autre que la cession d'un droit de créance; l'acquéreur agissait *proprio jure*, en vertu d'un droit qui lui était propre, tandis que le cessionnaire, comme nous savons, ne mettait en mouvement que les droits du cédant.

Mais, d'où provient l'erreur que nous signalons? Probablement d'une comparaison faite entre l'*exceptio doli* et l'*exceptio quod metûs causa*, exception que les Romains par une habitude de langage, appelaient *in rem*: ce qui voulait dire que l'exception *quod metûs causa* était opposable au demandeur, bien qu'il ne fût pas l'auteur de la violence (L. 14 § 3, *quod met. caus.*). L'exception de dol, au contraire, n'était pas *in rem scripta*, elle supposait que le demandeur était l'auteur des manœuvres. Au reste, cette expression *in rem* n'avait rien de bien spécial, car elle fut aussi appliquée à l'exception de dol: *planè ex persona ejus qui exceptionem objicit in rem op-*

ponitur exceptio (L. 2, § 2, *De doli mali et met. except.*).

Nous rejetterons pareillement un système moins absolu que celui qui vient d'être combattu, et qui consiste à distinguer entre le dol *rei cohærens* et le dol *ex post facto*, et à déclarer le premier seul opposable au cessionnaire. Cette distinction a sa source dans la loi 4, § 17, *de doli mal.*, ainsi conçue : « In hac exceptione, et de dolo servi, vel alterius personæ juri nostro subjectæ excipere possumus : et de eorum dolo, quibus adquiritur. Sed de servorum et filiorum dolo, si quidem ex peculiari eorum negotio actio intendatur, in infinitum exceptio objicienda est. Si autem non ex peculiari causa, tum de eo duntaxat excipi oportet, quia admissus sit in ipso negotio, quod geritur ; non etiam si postea aliquis dolus intervenisset ; neque enim esse æquum, servi dolum amplius domino nocere, quam in quo opera ejus esset usus. » Ce texte est évidemment étranger à la cession de créance : comment envisager sérieusement le *paterfamilias* et le *dominus* comme des cessionnaires de leur fils ou de leur esclave ?

Nous croyons donc que l'exception de dol était opposable au cessionnaire, que la cession fût à titre onéreux, qu'elle fût à titre gratuit, pourvu, bien entendu, que le dol du cédant fût antérieur à la signification de la cession.

De même, en ce qui concerne l'*exceptio pacti de non petendo in personam* qui arrêtait l'action du créancier (non celle de ses héritiers) dans l'intérêt du débi-

téur, abstraction faite de ses héritiers, certains auteurs ont voulu en affranchir le cessionnaire et l'ont
mis à cet effet sur la même ligne que les héritiers du
créancier. En ce sens, ils argumentent de la loi 28, *de
pactis*. Voici ce texte : « Si filius aut servus pactis sit
ne ipse peteret inutile est pactum. Si vero in rem pacti
sunt, id est, ne ea pecunia peteretur : ita pactio eorum rata habenda erit adversus patrem dominumve,
si liberam peculii administrationem habeant : et ea
res, de qua pacti sint, peculiaris sit. Quod et ipsum
non est expeditum : nam cum verum est, quod Ju-
liano placet, etiamsi maxime quis administrationem
peculii habeat concessam, donandi jus eum non habere : sequitur, ut, si donandi causa de non petenda
pecunia pactus sit, non debeat ratum haberi pactum
conventum. Quod si pro eo, ut ita pascisceretur,
aliquid, in quo non minus vel etiam amplius esset,
consecutus fuerit : rata habenda est pactio. » Gaius
supposait donc qu'un esclave ou qu'un fils de famille
avait ajourné l'exigibilité d'une créance appartenant
au pécule, et le jurisconsulte décidait que le débiteur
ne pouvait se prévaloir d'un pacte de *non petendo* à
l'encontre du *dominus* ou du *paterfamilias*, lors
même que le fils ou l'esclave aurait eu la *libera ad-
ministratio* de son pécule. La raison de cette décision est tout entière dans la position du père ou du
maître vis-à-vis de son fils ou de son esclave; or
celle-ci étant entièrement différente des rapports établis entre un cédant et un cessionnaire, qui du reste
est autrement capable que le fils de famille et l'es-

clave, en les supposant *patresfamilias*, nous ne comprenons pas qu'on ait songé à argumenter *a pari* de la doctrine de Gaius pour soutenir que le pacte *de non petendo in personam* n'était pas opposable au cessionnaire.

Nous ne comprenons guère mieux qu'on ait invoqué dans ce sens la loi 57, § 1 au même titre, qui traite des droits des héritiers dans l'hypothèse du pacte *de non petendo in personam*, et ne se rapporte en rien à la cession.

Non, il est impossible de prétendre que le pacte *de non petendo in personam* n'était pas obligatoire pour le cessionnaire, puisque celui-ci agissait *ex jure cedentis*. Et d'ailleurs, ne voit-on pas que cette doctrine eût donné au cédant le moyen de manquer à ses engagements par la cession de la créance? Le pacte *de non petendo in personam* était donc opposable au cessionnaire, du moins aussi longtemps que vécut le cédant. (L. 57, § 1, *De pact.*)

Les exceptions de la troisième classe, c'est-à-dire celles qui dérivaient de la personne du cessionnaire étaient encore opposables au cessionnaire de la part du débiteur. C'est qu'en effet le cessionnaire, bien que mandataire en principe, bénéficiait seul de l'action qu'il intentait, il était en d'autres termes un *procurator in rem suam*. Voici un texte d'Ulpien qui fait ressortir cette qualité : « Quæsitum est an de procuratoris dolo qui ad agendum tantum datus est, excipi possit? Et puto recte defendi, si quidem in rem suam procurator datus sit : etiam de præterito ejus dolo (hoc est, si ante acceptum judicium dolo quid fecerit) esse excipiendum; si vero non in rem suam; dolum præsentem in exceptione conferendum. (L. 4, § 18; D. *De dol. mal.*)

Ces exceptions étaient opposables lors même que le fait (un payement anticipé, par exemple) qui leur servait de fondement, était antérieur à la signification. Cependant cette règle n'était pas générale et les exceptions *jurisjurandi* ou *rei judicatæ* n'eussent été opposées d'une manière efficace qu'en supposant le serment prêté par le débiteur ou le jugement rendu en sa faveur postérieurs à la signification de la cession.

Enfin nous arrivons à la quatrième classe d'exceptions, celles attachées à la personne du débiteur. Parmi ces dernières, le bénéfice de compétence en vertu duquel certains débiteurs n'étaient condamnés que jusqu'à concurrence de ce qu'ils pouvaient payer, a soulevé quelques difficultés. Quelques personnes ont soutenu que le bénéfice de compétence était une exception de procédure, que le débiteur cédé n'en jouissait à l'encontre du cessionnaire que s'il eût pu l'obtenir vis-à-vis de lui indépendamment de la cession : que, par exemple, ce bénéfice étant accordé entre mari et femme, ascendant et descendant, entre associé et coassocié, il fallait pour que le débiteur pût opposer l'exception que la cession fût faite à l'enfant ou à l'ascendant, au mari ou à la femme du débiteur. Nous ne saurions accepter cette manière de voir. Il est faux de prétendre que le bénéfice de compétence n'avait trait qu'à la procédure, puisqu'il diminuait le droit du créancier. Pourquoi exiger une substitution de personnes de même qualité? Est-ce parce que la qualité de la personne servait de fondement au bénéfice? Mais ne sait-on pas que le cessionnaire était en tous cas *procurator* du cédant? D'ailleurs, cette substitution eût entraîné cette conséquence fort peu équitable, à savoir qu'un associé, par exemple, créancier de son coassocié eût pu aggraver la situation de son débiteur, le priver de son bénéfice par la cession qu'il eût faite à un tiers de sa créance. Néanmoins on insiste, au moyen de la loi 41, *De re judic.* : « Nessennius Apollinaris : Si te donaturum mihi delegavero creditori meo : an in solidum conveniendus sis?... Respondit : nulla creditor exceptione summoveretur, licet is, qui ei delegatus est, poterit uti adversus eum, cujus nomine promisit. » Ce texte n'a évidemment aucun rapport avec la cession, il est spécial à la délégation, matière bien différente de celle dont nous nous occupons.

Ainsi donc, les exceptions tirées de la personne du débiteur comme le délai de grâce, l'exception *nisi bonis cesserit*, le bénéfice de compétence, pouvaient être opposées au cessionnaire. Remarquons toutefois, en ce qui concerne le bénéfice de compétence, qu'il n'était opposable au cessionnaire que durant la vie du cédant. A la mort de celui-ci, le bénéfice s'évanouissait. (L. 23, D. *De re judic.*)

La poursuite ne s'arrêtait pas nécessairement par suite de l'exception opposée par le débiteur, certaines répliques pouvaient être objectées par le cessionnaire. C'est ainsi que lorsqu'il avait été convenu au moyen d'un·pacte que le cédant n'exigerait pas la dette du cédé et que, à quelque temps de là, un pacte en sens contraire avait annulé le premier, le cessionnaire à qui le débiteur opposait l'*exceptio pacti* répliquait très-bien par l'*exceptio doli* tirée du second pacte. De même, en supposant qu'une cause de compensation fût intervenue entre le cédé et le fisc, mais que la créance fût de celles à l'égard desquelles le fisc n'avait pas à craindre l'exception de compensation, le cessionnaire du fisc à qui le débiteur opposait la compensation *ex persona cedentis* avait le droit de répliquer *ex jure singulari*. Dans cet exemple, la réplique est tirée de la personne du cédant, mais cette circonstance ne l'affaiblissait en rien, car la réplique était à l'exception ce que celle-ci était à la demande. Or, nous savons que les exceptions tirées de la personne du cédant étaient opposables au cessionnaire.

Il était encore loisible au cessionnaire d'opposer au débiteur les répliques dont il eût pu se servir à l'encontre de tout défendeur, comme le privilége d'appeler le débiteur devant son propre domicile, *forum actoris*. Enfin, il pouvait répliquer *ex persona sua*, quand ayant consenti lui-même un pacte *de non petendo* au débiteur, il l'avait anéanti par un pacte contraire.

Dans notre examen des effets de la cession, nous n'avons pas séparé la cession volontaire de la cession nécessaire. Tout ce que nous avons dit de la première se rapporte à la seconde, sous les réserves suivantes : la cession nécessaire échappait aux restrictions introduites par les empereurs Anastase et Justinien, elle n'avait pas à craindre l'*exceptio litigiosi* (Gaius, com. 4 §, 117); elle débarrassait parfois le cédant de la garantie de l'existence de la créance et de l'exception accessoire. Pour cela il fallait que le cédant ne fût pas coupable de dol et que la cession nécessaire résultât de la loi, par opposition aux contrats de bonne foi.

Le débiteur assigné pouvait-il former une demande reconventionnelle contre le cessionnaire? La demande reconventionnelle était une demande non liquide en compensation, formée par le défendeur contre le demandeur et susceptible d'être jointe par le juge à la demande principale de manière à jouer le rôle de l'exception de compensation après avoir été liquidée. Mais, entre la reconvention et la compensation, il restait cette différence importante, à savoir que la première n'avait point la vertu rétroactive de la seconde. — La solution de la question est donnée par la loi 34, *De procuratoribus et defens.* : « si quis in rem suam procuratorio nomine agit, veluti emptor hereditatis ; an debeat invicem venditorem defendere ? Et placet, si bona fide et non in fraudem eorum, qui invicem agere vellent, gestum sit negotium : non oportere eum invicem defendere. » Appliqué à notre espèce, ce texte signifie que le débiteur ne pouvant opposer au cessionnaire des exceptions absolument étrangères à la créance, ni par conséquent une demande nouvelle *ex persona cedentis*, n'avait pas le droit de former une demande reconventionnelle à l'encontre du cessionnaire.

Toutefois, dans un sens contraire, on s'est prévalu des lois 33, 35 et 70 du titre précité.

Loi 33, § 3, § 5 : « Cujus nomine quis actionem dari sibi postulabit, is eum viri boni arbitratu defendat : et ei, quo nomine aget, id ratum habere eum, ad quem ea res pertinet, viri boni arbitratu satisdet. — Si quis in rem suam procurator interveniat, adhuc erit dicendum debere eum defendere, nisi forte ex necessitate fuerit factus. »

Loi 35 pr. : « Sed et hæ personæ procuratorum debebunt defendere, quibus sine mandatu agere licet : utputa liberi, licet sint in potestate : item parentes, et fratres, et adfines, et liberti. »

Loi 70 : « Pater filio suo pupillo tutorem dedit Sempronium, creditorem suum : is, administrata tutela, relinquit fratrem suum heredem : qui et ipse decessit, et per fideicommissum nomen debitoris Titio reliquit, eique mandatæ sunt actiones ab heredibus. Quæro, cum tam tutelæ actio, quam pecuniæ creditæ, ex hereditate Sempronii descendant, an non aliter mandata actio ei detur, quam si defendat heres, a quibus ei actiones mandatæ sunt? respondi, debere defendere. »

De ces textes, est-il permis de conclure contrairement à la loi 34, que le cessionnaire était tenu reconventionnellement des prétentions susceptibles d'être élevées par le débiteur cédé à l'encontre du cédant? Nous ne le pensons pas. La loi 34 est formelle, et ne fait d'exception que pour le cas de dol, c'est-à-dire pour le cas où le cédant aurait cédé la créance afin d'éviter la demande reconventionnelle qu'il eût pu se voir opposer par le débiteur. Les auteurs se sont égarés à la suite d'une fausse interprétation du mot *defendere* exprimé dans les textes, et des divers cautionnements requis par la procédure romaine à l'occasion d'une action intentée soit par un *procurator ad litem*, soit par un *procurator in rem suam*. Ils ont traduit, en effet, le mot *defendere* de la manière suivante : le *procurator ad litem* doit défendre son principal, le cessionnaire doit, sauf l'hypothèse d'une cession nécessaire, défendre le cédant, ce qui implique le droit pour le débiteur d'agir reconventionnellement contre le cessionnaire *ex persona cedentis*. Or, c'est là, nous le répétons, une interprétation erronée. L'expression *defendere* se rattache intimement à la procédure formulaire qui n'admit la représentation en justice par *procurator* que moyennant la caution *ratam rem dominum habiturum*, à moins que la *procuratio* n'ait été donnée par écrit (C. I, *De satisdando*) ou que la cession ne fût nécessaire. Fournir la caution *ratam rem dominum habiturum*, donner cette garantie au débiteur, telle est l'interprétation vraie de ce mot *defendere*, telle est la seule signification à laquelle puissent correspondre les mots *viri boni arbitratu* qui, dans la loi 33 § 3, précèdent immédiatement le verbe *defendere*. Voici, du reste, la définition que donne Ulpien du mot *defendere* : ..... « Si vero extrinsecus persona defensoris interveniat, æque stipulatio non committetur; si modo ille paratus sit, rem boni viri arbitratu defendere, hoc est satisdare. Sic enim videtur defendere si satisdet. — Quant à la loi 70, sans toucher au point de savoir si le cessionnaire souffrait ou non une demande reconventionnelle, elle applique le mot *defendere* à la *satisdatio super excipienda lite* par laquelle le *procurator* s'engageait expressément à admettre, sauf discussion, toutes les défenses et exceptions dont le débiteur se prévaudrait *ex persona cedentis* (C. I, *De satisdando*).

Nous avons achevé notre exposition de la théorie de la *procuratio in rem suam*. On voit, en résumé, que le caractère intransmissible de la créance est demeuré tel jusqu'au dernier état du droit romain. La novation jointe au mandat d'actions, l'action utile qui vint transporter directement à l'acheteur l'émolument de la créance n'étaient que des moyens habiles suggérés aux jurisconsultes par les nécessités de la pratique, de tourner une difficulté que le formalisme romain rendait insurmontable. Les derniers empereurs et Justinien qui, en particulier, opéra tant de réformes dans le domaine du droit, ne modifièrent nullement le principe de l'inaliénabilité du droit personnel. Tout au contraire, Anastase et Justinien agirent à l'égard des créances avec plus de vigueur que les jurisconsultes eux-mêmes, car en voulant corriger certains abus, ils firent des constitutions qui arrêtèrent fatalement le cours des cessions.

DROIT FRANÇAIS

> « La créance est la création de l'homme, elle est l'ouvrage de ses mains ; elle est dans le commerce comme tous les autres biens. Elle est conséquemment susceptible d'être vendue, cédée ou transportée. »
>
> (Portalis, *Discours au Corps législatif ;* Fenet, t. XIV, p. 149.)

DEUXIÈME PARTIE

DROIT FRANÇAIS

(Code civil, art. 1689-1695; Code de commerce, art. 136-139.)

SOMMAIRE. — Caractère de la cession de créances dans notre ancien droit et dans notre droit actuel. — Créances civiles. — Des créances susceptibles d'être cédées. — Des personnes à qui la loi donne la faculté de céder ou de se rendre cessionnaires. — Formes de la cession. — Des effets de la cession. — De la cession comparée à la subrogation, — à la novation par changement de créances, — à la distraction des dépens. — à la *datio in solutum*, — à l'assignation. — Créances commerciales. — De l'endossement. — Avantages de l'endossement. — De l'endossement régulier. — Des personnes capables d'endosser et de recevoir un endossement. — Epoque pendant laquelle l'endossement peut être fait. — Formes. — Effets de l'endossement régulier. — Différences entre la cession et l'endossement. — De l'endossement irrégulier. — De l'endossement en blanc. — De l'endossement simulé.

La théorie romaine de la *procuratio in rem suam* n'a pas passé dans notre législation. En droit français où l'aliénabilité du droit personnel est consacrée, le cessionnaire n'est pas un simple mandataire, il est créancier du cédé et propriétaire de la créance. « Celle-ci, disait Portalis, est la création de l'homme, elle est l'ouvrage de ses mains, elle est dans le commerce comme tous les autres biens, conséquemment susceptible d'être vendue, cédée ou transportée. »

Ce principe que nous trouvons établi au Code civil (art. 1689), n'était pas, tant s'en faut, universellement admis, avant 1804, date de la promulgation du Code. Dans le midi de la France, la théorie romaine s'était conservée, dans le nord, il y avait des usages locaux dont les uns avaient subi l'influence du droit romain, et dont les autres au contraire en étaient restés entièrement dégagés. Mais cette distinction ne se fit jour qu'à partir du XIII° siècle, lorsque le droit romain se réveilla à la voix des glossateurs et que la fortune mobilière sortit, pour ainsi dire, du néant où l'avaient plongée le caractère territorial de la conquête des barbares et l'institution de la féodalité. En présence de ces deux législations distinctes et constantes, les grands jurisconsultes de l'ancien droit, comme Ferrières, Denizart, Pothier, ne purent se prononcer qu'en hésitant sur le caractère de la cession de créance. « Une créance, disait Pothier, étant un droit personnel du créancier, un droit inhérent à sa personne, elle ne peut pas, à ne considérer que la stabilité du droit, se transporter à une autre personne, ni par conséquent se vendre ; elle peut bien passer à l'héritier du créancier, parce que l'héritier est le successeur de la personne et de tous les droits personnels du défunt, mais selon la subtilité du droit, elle ne peut pas passer à un tiers, car le débiteur s'étant obligé envers une certaine personne, ne peut point par le transport de la créance, transport qui n'est pas de son fait, devenir obligé envers un autre... Néanmoins, continuait Pothier, les jurisconsultes ont inventé une manière de transporter les créances sans le consentement ni l'intervention du débiteur. Comme le créancier peut exercer contre son débiteur par un mandataire aussi bien que par lui-même l'action qui naît de sa créance, lorsqu'il veut transporter sa créance à un tiers, il fait ce tiers un mandataire pour exercer son action contre son débiteur. Un mandat fait de cette manière est un vrai transport que le cessionnaire fait de sa créance. » (*Vente*, n° 550). Ailleurs, Pothier, parlant de la transmission des créances à l'égard des tiers, s'exprimait ainsi : « De même que le vendeur d'une chose corporelle demeure avant que la tradition n'ait été faite, possesseur et p opriétaire de la chose qu'il a vendue, de même, tant que le cessionnaire n'a point fait signifier au débiteur le transport qui lui a été fait, le cédant n'est point dessaisi de la créance qu'il a transportée. Le transport d'une rente ou autre créance, est, avant que la signification en ait été faite au débiteur, ce qu'est la vente d'une chose corporelle avant la tradition. » (*Vente*, n° 554). Cette décision est la reproduction de la Coutume de Paris (art. 108) d'après laquelle « un simple transport ne saisit point et faut signifier à la partie et en bailler copie avant d'exécuter. » Jusqu'à cette signification, le créancier restait propriétaire de sa créance, et, à la différence du droit romain, avait seul le droit d'en recevoir le payement du débiteur. Jusqu'à ce moment, ses propres créanciers avaient la faculté de la saisir comme ses autres biens.

Telle était la législation générale de l'ancienne France; les principes qui régissent aujourd'hui la cession de créance sont compris dans un chapitre du Code civil, intitulé : du transport des créances et autres droits incorporels, au livre III, titre VI, de la vente, art. 1689 à 1695. Relevons aussitôt deux erreurs qui se sont glissées dans la rédaction de la rubrique. La première consiste dans ces mots : *droits incorporels*, pléonasme bien inutile puisque tous les droits sont incorporels. La seconde se réfère à ces expressions beaucoup trop générales : *et autres droits*. La rubrique résume un chapitre où il est question, non pas d'un droit quelconque, mais du droit particulier de créance. En outre, remarquons que la créance y est envisagée au point de vue civil, le transport des créances commerciales est réglementé par le Code de commerce, art. 136-139.

Nous observerons dans notre étude de la cession, cette division des créances en civiles et en commerciales.

I. CRÉANCES CIVILES

Cinq questions peuvent se poser sur la cession de créance.

1° Quelles sont les créances susceptibles d'être cédées?

2° A quelles personnes la loi accorde-t-elle la faculté de céder et de se rendre cessionnaires?

3° Suivant quelles formes la cession a-t-elle lieu?

4° Quels sont les effets de la cession-transport?

5° En quoi la cession diffère-t-elle du payement avec subrogation et autres faits juridiques?

§ I. Quelles sont les créances susceptibles d'être cédées ?

Quelques auteurs déclarent cessible toute créance transmissible par voie d'hérédité, d'autres n'admettent que la cession des créances susceptibles d'être exercées par les créanciers, d'autres encore n'acceptent que la cessibilité des créances saisissables. Nous n'adhérons pas à ces opinions diverses, par cette raison que l'assimilation de la transmissibilité par voie d'hérédité, de la possibilité pour la créance d'être exercée par les créanciers, de la saisissabilité et de la cessibilité viole les principes juridiques. Faut-il le démontrer par des exemples? Le droit qu'a la femme de demander la séparation de biens est transmissible, sans être cessible. La faculté d'exercer le retrait successoral est transmissible, non cessible. La rente viagère est au contraire cessible sans être transmissible aux héritiers. Le droit qu'a la victime d'un délit d'intenter une action civile et de demander des dommages-intérêts est cessible, mais les créanciers ne pourraient pas l'exercer. L'action en révocation pour cause d'ingratitude, le droit de la veuve à ses vêtements de deuil sont cessibles, ils ne sont pas susceptibles d'être exercés par les créanciers. Enfin, les rentes sur l'Etat sont insaisissables, bien qu'elles soient cessibles. Cependant, parmi ces systèmes, nous préférons celui qui assimile la cessibilité à la saisissabilité, car les deux autres, outre le défaut commun d'inexactitude, ne font que reculer la difficulté, puisque le Code n'a pas donné une énumération complète des droits transmissibles aux héritiers, ou susceptibles d'être exercés par les créanciers du titulaire.

La règle, suivant nous, est que toute créance est cessible, qu'elle soit pure et simple, ou à terme, ou conditionnelle, qu'elle ait pour objet une chose divisible ou indivisible, facultative ou alternative, qu'elle soit civile ou seulement naturelle. En effet, il est permis de vendre toute chose *in commercio*, et nous savons que la créance est effectivement dans le commerce. Par application de notre règle, nous déclarons possible la cession du droit de recueillir les fruits naturels ou civils d'un immeuble, de toucher les arrérages d'une rente perpétuelle ou viagère, le prix d'un office avant la nomination du nouveau titulaire, cession qu'il ne faut pas confondre avec celle du prix d'un office dont le titulaire songerait à se démettre, avant la conclusion du traité à intervenir à cet effet, celle-ci n'a aucune valeur, car celui-là seul cède qui se trouve au moins créancier éventuel ; l'action en indemnité contre une compagnie d'assurances, le recours éventuel contre les locataires et voisins avant l'arrivée du sinistre dont dérive l'action ou le recours ; le produit d'une œuvre littéraire à exécuter d'après un contrat passé entre un auteur et un éditeur, les sommes dues à un entrepreneur à raison de travaux déterminés d'avance, ou même à raison de travaux non déterminés quand l'entrepreneur s'est engagé moyennant un prix convenu à faire travailler pendant un certain temps, d'après les ordres qui lui seront donnés à cet effet.

Mais, la cession faite par l'entrepreneur des sommes à lui dues par le propriétaire et notifiée à celui-ci par le cessionnaire avant que l'ouvrier ait introduit l'action ouverte en sa faveur par l'art. 1798, prime-t-elle le droit de l'ouvrier ? La Cour de Montpellier s'est prononcée dans le sens de la négative (arrêt du 24 décembre 1852), au contraire la Cour de Lyon (arrêt du 21 janvier 1846) et la Cour de cassation (arrêt du 18 janvier 1854) ont consacré l'affirmative. C'est aussi dans ce second sens que Marcadé s'est prononcé, et nous sommes d'avis que cette opinion l'emporte sur la première. En effet, il nous semble peu exact de soutenir, comme l'a fait la Cour de Montpellier, que l'art. 1798 rend indisponible entre les mains du propriétaire le prix dont il se trouve tenu envers l'entrepreneur. Celui-ci est réellement propriétaire d'un droit de créance, et dès lors il peut en disposer comme il l'entend pourvu qu'il le fasse sans fraude. Quant au droit de l'ouvrier sur le prix, l'art. 1798 le restreint au moment où son action est intentée : c'est à cette époque seulement que l'ouvrier se substitue comme créancier à l'entrepreneur, c'est alors seulement que le privilége de l'ouvrier prend naissance. Aussi, ce fut à tort que la Cour de Montpellier, pour prouver l'inutilité de la cession, invoqua la maxime : *nemo plus juris transferre potest quam ipse habet.* Et qu'on ne craigne pas que le privilége de l'ouvrier ainsi compris ne suffise pas à protéger ses droits, car l'ouvrier en se montrant diligent sauvegardera toujours ses intérêts. D'ailleurs, ce serait blesser l'équité que de décider autrement, ce serait donner raison à l'ouvrier dont la négligence induisant les tiers en erreur, les aurait conduits à contracter avec l'entrepreneur.

Nous considérerons encore comme cessibles, l'action en indemnité exercée par la victime d'un délit contre son auteur, car réparatrice dans son principe, elle est pécuniaire dans ses résultats ; le droit de la femme à ses vêtements de deuil, pourvu qu'il ne subisse pas d'altération dans sa destination primitive, l'action en révocation d'ingratitude, car elle a pour objet la restitution d'une somme d'argent. Mais elle n'est cessible qu'autant qu'elle s'est fixée dans la personne du donateur dont jusque-là le donataire peut recevoir son pardon. L'obligation purement naturelle est cessible, avons-nous dit : ainsi, en vertu de la loi de 1825 qui rendit civile l'obligation naturelle d'indemniser les émigrés, le cessionnaire d'un émigré pouvait se prévaloir d'un contrat de cession passé avant la promulgation de cette loi.

La créance n'est incessible qu'exceptionnellement. Or, la loi déclare incessibles : les droits d'usage et d'habitation, les espérances de succession (art. 631, 634, 791, 1130, 1600), la pension de retraite due aux militaires, l'allocation faite aux militaires qui avant l'époque de la retraite sont jugés incapables de rester au service, autrement dit, les traitements de réforme, les pensions de la Légion d'honneur, les pensions des grands fonctionnaires et, en général, celles fournies par l'État et les administrations publiques (déclarat. du 7 janvier 1779; arrêté du 26 juillet 1802; ordonnance du 27 août 1817; loi du 19 mai 1834), les rentes viagères attachées à la médaille militaire, les parts éventuelles dans les produits des prises maritimes (loi du 1er oct. 1793; arrêté du 9 ventôse an IX), les primes offertes aux engagés volontaires après libération, d'après la loi de 1855 sur la dotation de l'armée; les dotations des membres du Sénat, avant la dissolution de ce corps politique; les rentes viagères de la caisse des retraites pour la vieillesse jusqu'à concurrence de trois cent soixante francs (loi du 18 juin 1850).

Notons que, parmi ces créances, celles qui sont saisissables soit spécialement pour certaines causes, soit d'une manière absolue, mais jusqu'à concurrence seulement d'une somme ou portion déterminée, peuvent faire l'objet d'une cession dans la mesure de cette saisissabilité.

En consacrant formellement certaines exceptions, le législateur n'a point voulu limiter rigoureusement les cas d'incessibilité; la liste présentée plus haut n'est donc qu'énonciative.

Créances alimentaires. — Les créances alimentaires sont-elles cessibles? Il y a deux hypothèses à distinguer : tantôt la créance alimentaire prend naissance dans un texte de loi, tantôt elle dérive d'un acte conventionnel. Naît-elle d'un texte de loi, par exemple des articles 205, 206, 207, 212, 268, 349, 762 du Code civil, elle est incessible en général, en vertu du principe même de l'obligation alimentaire fondée sur une relation juridique établie entre certaines personnes. En outre, il y a des impossibilités de fait à la cession dérivant des articles 210 et 211 où il est dit que la dette alimentaire peut être exécutée en nature. On ne saurait imposer au père débiteur l'obligation de recevoir chez lui le cessionnaire à la place de son enfant. Notre règle doit pourtant être tempérée par cette remarque que, si la créance légale alimentaire n'est pas cessible elle-même, l'émolument peut en être cédé, pourvu que la destination primitive de la créance ne soit pas sensiblement modifiée. C'est ainsi que la cession s'effectue fort bien au profit d'un hôtelier qui s'engage à nourrir le créancier.

La créance alimentaire naît-elle d'une convention, certains auteurs la déclarent également incessible, et ils argumentent de l'art. 581 du Code de procédure, qui déclare insaisissables les créances alimentaires, et de l'art. 1004 du même Code, d'après lequel il n'est pas permis de compromettre sur les legs d'aliments.

Quant à nous, nous préférons nous prononcer dans le sens de la cessibilité de la créance alimentaire, en nous appuyant sur l'art. 537 du Code civil, qui donne aux particuliers la libre disposition de leurs biens, sous les modifications établies par les lois. Or, y a-t-il une loi qui interdise aux particuliers la disposition de la créance alimentaire conventionnelle ? — On objecte l'art. 581 du Code de procédure, mais on oublie que l'insaisissabilité n'a pas pour corollaire l'incessibilité. On ne pourrait soutenir, en outre, que le législateur, ayant déclaré les aliments insaisissables pour protéger la personne du créancier, il est rationnel de conclure de l'insaisissabilité des aliments à leur incessibilité, car ce serait par voie de conséquence constituer en état d'incapacité l'ayant droit à l'aliment. Or, la loi donne elle-même la liste des incapables. On tire ensuite de l'art. 1004 un argument qui n'est pas plus embarrassant que le précédent. Autre chose est compromettre, autre chose est céder ou aliéner : le compromis renferme souvent une aliénation cachée, et pour cela, il a paru plus dangereux au législateur que l'aliénation ordinaire. C'est ainsi que le tuteur autorisé à céder les créances du pupille, compromet inutilement à leur sujet (en ce sens, Cour de cass.).

Sommes déposées aux caisses d'épargnes. — Sont-elles cessibles ? La Cour de Montpellier a jugé dans le sens de la négative, en alléguant qu'aux termes et selon l'esprit de la loi organique des caisses d'épargnes, le livret est personnel et intransmissible ; que la fixation du maximum des versements permis à chaque personne implique la prohibition de la cession du livret par le titulaire, que d'ailleurs la cession écarterait le but que la loi de 1835 a voulu atteindre, celui de favoriser l'épargne. — Malgré ces considérations, nous préférons l'affirmative qui nous ramène au droit commun. La cession peut, il est vrai, être abusive, mais cela suffit-il pour l'écarter dans l'espèce ? Et, quelle serait la faveur dont la loi a voulu entourer l'ouvrier économe, si cette faveur doit aboutir à une incapacité ! Au reste, on conçoit qu'en fait la cessibilité de la créance puisse être très-utile au possesseur d'un livret.

Traitements des fonctionnaires. — Les traitements d'activité des militaires et des fonctionnaires publics sont en partie insaisissables, et la plupart des auteurs les considèrent comme incessibles dans la mesure de leur insaisissabilité, afin d'éviter le dénûment que la cession pourrait occasionner. On objecte à ce système qu'il fait de la cessibilité, la conséquence forcée de l'insaisissabilité, qu'il exagère la portée de la loi, en assimilant les traitements des fonctionnaires aux pensions alimentaires.

Cautionnements des officiers ministériels. — Rien n'empêche qu'ils ne soient cessibles, sauf l'exercice des priviléges qui les frappent. La créance étant à terme entre les mains de l'officier ministériel, le sera également entre les mains du cessionnaire.

Droit qu'a la femme de demander la séparation de biens. — Ce droit n'est pas cessible, et de plus il n'est pas susceptible d'être exercé par les créanciers de la femme. En cas de faillite ou de déconfiture du mari, ceux-ci peuvent exercer les droits de la débitrice jusqu'à concurrence du montant de leurs créances, et, dans ces hypothèses, la cession faite par la femme elle-même est inutile.

Retrait successoral. — Ce droit est incessible. La loi en instituant le retrait, a eu pour but d'écarter du partage d'avides spéculateurs ; or, qui ne voit que le caractère de droit cessible, enlèverait au retrait son efficacité ?

Créances litigieuses. — La créance litigieuse est cessible en principe. Pothier appelait litigieuses « les créances qui sont contestées ou qui peuvent l'être, en total ou pour partie, par celui qu'on prétend le débiteur, soit que le procès soit déjà commencé, soit qu'il ne le soit pas encore, mais qu'il y ait lieu de l'appréhender. » (*Vente*, n° 583.) D'après le Code civil, il ne suffit plus qu'il y ait crainte ou possibilité d'une contestation, une créance n'est censée litigieuse que s'il y a procès et contestation sur le fond (art. 1700).

Or, d'après MM. Aubry et Rau, un droit doit être considéré comme contesté au fond, « non-seulement lorsque le défendeur a fait valoir des moyens de fond proprement dits, portant soit sur l'existence même du droit, soit sur son étendue ou sur sa quotité, mais encore lorsqu'il a opposé des exceptions péremptoires de fond, telles que la prescription, tendantes à faire rejeter d'une manière absolue et pour toujours l'action elle-même. » (*Cours de droit civil*, tome IV, § 359 *quater.*) Nous ferons remarquer que la définition de l'art. 1700 ne s'étend pas à l'art. 1597 où il est dit que les juges, leurs suppléants, les magistrats remplissant le ministère public, les greffiers, huissiers, avoués, défenseurs officieux et notaires ne peuvent devenir cessionnaires des procès, droits et actions litigieux qui sont de la compétence du tribunal dans le ressort duquel ils exercent leurs fonctions, à peine de nullité, et des dépens, dommages et intérêts. Le législateur en opposant l'une à l'autre ces expressions procès et actions litigieuses, montre bien que, dans l'hypothèse prévue par l'article, il vise à la fois et le procès et la probabilité du procès. Le discours que Portalis prononça à l'occasion de la rédaction de l'art. 1597, est plus explicite encore, il renferme ce passage : « cessionnaires d'actions ou de droits litigieux qui sont ou peuvent être portés devant le tribunal. » Au reste, ce n'est pas sans raison que le législateur a cru devoir déroger au droit commun exprimé par l'art. 1700, car on comprend que l'influence d'un juge ou d'un avoué soit aussi à craindre avant qu'après le procès.

Une particularité qui modifie sensiblement le principe de cessibilité des créances litigieuses, c'est la faculté qu'a le débiteur cédé de prendre pour lui le marché du cessionnaire (art. 1699). C'est ce qu'on appelle le droit de retrait, droit qui a son origine dans la défaveur avec laquelle les législateurs de toutes les époques ont vu la cession des créances litigieuses. Le retrait cependant n'est applicable qu'aux cas où la cession litigieuse revêt le caractère de spéculation indigne et dangereuse. Aussi le bénéfice de l'art. 1699 disparaît-il dans les cas où la cession a été faite à un cohéritier ou copropriétaire du droit cédé par son cohéritier ou son copropriétaire, à un créancier en payement de ce qui lui est dû, au possesseur de l'héritage sujet au droit litigieux (art. 1701). Quant à celui qui a droit au retrait et qui veut en user, il doit rembourser au cessionnaire le prix réel de la cession avec les frais et loyaux coûts, et avec les intérêts à compter du jour où le cessionnaire a payé le prix de la cession à lui faite (art. 1699). Le retrait est susceptible d'être exercé tant que l'affaire est pendante, mais le débiteur n'a qu'un choix entre la défense au procès et l'exercice du retrait : en défendant ' la demande il perd le droit de conclure au retrait.

Droits de famille. — Ces droits ne sont pas cessibles, n'ayant aucun caractère pécuniaire.

Simples facultés. — Nos simples facultés, comme celles de vendre ou de ne pas vendre, d'accepter ou de ne pas accepter une offre qui nous est faite, ne sont pas susceptibles d'être cédées. Elles ne supposent aucun assujettissement soit de l'objet du droit, soit de la personne du débiteur.

Remarquons qu'à la différence de la créance, l'*obligation* n'est pas cessible, en vertu de la raison et de l'équité. Dans un contrat synallagmatique, dans lequel chaque partie est à la fois créancière et débitrice, la cession que fait un créancier de sa créance n'entraîne pas la cession de sa dette et le cédant est tenu de satisfaire lui-même à son obligation. Notons encore qu'en général les créances cessibles de leur nature peuvent être déclarées incessibles par convention. Exceptionnellement, les rentes viagères ne sont pas susceptibles de l'être, quand elles ont été constituées à titre onéreux (art. 544, 1172, 1981).

§ II. — *A quelles personnes la loi laisse-t-elle la faculté de céder ou de se rendre cessionnaires?*

I. *Qui peut céder ?* — Celui qui a la qualité et la capacité d'aliéner cède valablement. Telle est la règle. Le créancier, ses héritiers, son mandataire ont seuls qualité pour céder la créance, les créanciers du propriétaire de la créance n'ont pas qualité. — Le mineur, l'interdit, l'individu retenu dans un établissement d'aliénés sont incapables de céder. Les personnes morales cèdent par l'entremise de certains individus : l'État par le directeur des domaine , le département par le préfet, la commune par le maire, la société commerciale tant qu'elle existe par le gérant, et une fois dissoute, par les liquidateurs. Le failli est incapable d'opérer une cession, même à titre de *datio in solutum* du jour de la déclaration de faillite ou du jour fixé par le tribunal comme étant celui de la cessation des payements, ou dans

les dix jours qui précèdent, et les créanciers viennent par contribution sur le montant de la créance
cédée indûment.

Les mineurs émancipés, les individus pourvus
d'un conseil judiciaire, les femmes mariées, l'héritier bénéficiaire, les curateurs aux successions va-
cantes, les représentants des absents présumés ou
déclarés, le maire, le tuteur jouissent d'une certaine
capacité.

Le mineur émancipé et l'individu muni d'un conseil judiciaire cèdent avec l'autorisation du curateur
et du conseil judiciaire. Toutefois, ils ne transfèrent
valablement une rente de plus de cinquante francs
sur l'État, qu'avec les autorisations et du curateur et
du conseil de famille. Il en est de même s'il s'agit
d'une action de la Banque de France ou de portions
d'actions différentes n'excédant pas ensemble une
action entière (Loi du 24 mars 1806; Décret du
25 septembre 1813).

La femme mariée sous le régime de la communauté
légale voit ses créances tomber dans la communauté.
C'est donc l'administrateur de celle-ci, le mari,
qui consentira la cession. Lorsque la femme est
mariée sans communauté, ou que les créances sont
restées propres à la femme par une cause quelconque,
le mari ne cède valablement qu'avec l'autorisation
de sa femme. C'est qu'en effet le mari administrateur
des propres de la femme n'en devient pas propriétaire
à charge de récompense, quand ces propres ne sont
pas de nature à être consommés *primo usu* à moins

qu'ils n'aient été livrés qu'après avoir été estimés.
Le droit de propriété repose sur la tête de la femme.
— On objecte que l'art. 1428-3° interdit au mari l'a-
liénation des immeubles propres de sa femme et ne
parle pas des meubles. Mais cet argument *a contrario*
nous semble trop hardi pour que nous puissions
l'accepter. La rareté des meubles propres sous le régime de la communauté légale explique assez le
silence de l'art. 1428. L'administration du tuteur
comprend, il est vrai, l'aliénation des créances, mais
cela s'explique en présence de l'incapacité du mineur,
et lorsqu'il s'agit de la femme seule propriétaire et
parfaitement apte à donner son consentement, il
faut se garder d'étendre les pouvoirs déjà bien grands
du mari. Nous sauvegardons ainsi les droits de la
femme súr ses meubles réalisés, en empêchant
qu'en cas d'insolvabilité du mari elle ne subisse le
concours des créanciers de celui-ci.

Le droit qu'a le mari d'exercer toutes les actions
mobilières de la femme n'a pas non plus pour conséquence le pouvoir d'aliéner tous ses meubles. Ceci
ne doit pas nous surprendre. Le tuteur, en effet, ne
peut-il pas avec la seule autorisation du conseil de
famille, intenter des actions immobilières appartenant au pupille, bien qu'il ne puisse pas aliéner un
de ses immeubles, avec cette autorisation? (art. 464).
L'art. 818 nous paraît donner la solution. Il déclare
que le mari ne peut intenter l'action en partage, tant
pour les meubles que pour les immeubles, des successions échues à la femme, quand les meubles ou

immeubles compris dans ces successions ne doivent pas tomber dans la communauté.

Lorsque les époux sont mariés sous le régime dotal et que les créances de la femme ayant été constituées en dot avec estimation, sont devenues la propriété du mari, celui-ci en consent la cession, et la femme ne peut la consentir que comme mandataire de son mari. En est-il de même lorsque les créances ont été constituées en dot sans estimation ou que l'estimation a été déclarée ne pas valoir vente? Qu'on ne dise pas que les créances sont forcément estimées dans tous les cas, vu qu'elles portent leur valeur en elles-mêmes ; la créance ne vaut pas toujours sa valeur nominale, et l'art. 1567 met expressément aux risques et péril de la femme les créances dotales non estimées. La question de savoir si ces créances sont cessibles, se résout de la manière suivante : Affirme-t-on que les meubles sont aliénables quant au mari, inaliénables quant à la femme, on décidera que le mari seul a droit d'opérer la cession ; conclut-on à l'inaliénabilité dans les deux cas, on décidera que la femme cède légalement avec l'autorisation du mari et celui-ci avec le concours de la femme.

Supposons les époux mariés sous le régime de la séparation de biens ou sous le régime dotal, la créance faisant dans ce cas partie des biens paraphernaux. Ici, il est certain que le mari ne saurait consentir la cession, car non-seulement il n'est pas propriétaire des meubles, mais il n'est pas même administrateur. Quant à la femme, elle aliénera sa créance, quand la cession ne présentera pas les caractères d'un acte d'administration.

Suivant un avis du Conseil d'État en date du 11 juillet 1808, l'héritier bénéficiaire peut, à l'instar du mineur émancipé, transférer seul une rente sur l'État, qui ne dépasse pas cinquante francs, et avec l'autorisation du tribunal une rente d'un chiffre supérieur. Il peut encore céder ses rentes sur des particuliers, en observant les formes prescrites, pour la vente du mobilier de la succession, par l'art. 989 du Code de procédure. La loi ne dit rien de la cession des créances proprement dites, mais rien ne s'oppose à ce que nous la supposions permise. La cession est souvent un acte de bonne administration dans l'accomplissement duquel l'héritier bénéficiaire doit être affranchi de toute formalité et de toute autorisation.

On ne saurait, dans un sens contraire, argumenter des articles 805 du Code civil et 989 du Code de procédure, qui ont trait à une hypothèse tout autre que la nôtre, puisqu'il y est question d'un héritier qui n'a pas encore pris qualité.

Le curateur à une succession vacante est assimilé à l'héritier bénéficiaire quant aux rentes et actions de la Banque (Loi de 1806 et art. 1001 du Code de procédure). En ce qui concerne les créances, l'autorisation du tribunal peut seule l'habiliter à l'effet de les céder, la loi refusant au curateur l'administration des biens de la succession.

Les représentants de l'absent sont des envoyés en

possession ou des héritiers appelés à recueillir à défaut de l'absent les successions échus depuis sa disparition. Ces derniers, d'après la jurisprudence, peuvent aliéner une valeur immobilière, mais ne sontpas aptes à faire une cession-transport. Décision bizarre qu'aucun texte n'autorise et ne justifie !

Pourquoi l'aliénation d'un meuble incorporel serait-elle nulle, si celle d'un meuble corporel est valable (art. 2279, possession vaut titre), si celle d'un immeuble est légale en raison d'un mandat présumé? — Les envoyés en possession définitive peuvent certainement céder, mais la solution est douteuse relativement aux envoyés en possession provisoire. Certains auteurs assimilant l'envoyé en possession provisoire à un dépositaire, lui refusent la capacité de céder des créances, d'autres l'assimilant à un administrateur le considèrent comme pleinement habile à faire une cession-transport, en argumentant *a contrario* de l'art. 128 du Code civil, qui défend seulement à l'envoyé d'aliéner et d'hypothéquer des immeubles. Nous pensons, quant à nous, que l'envoyé en possession provisoire cédera efficacement avec l'autorisation du tribunal, car la cession peut être un acte d'administration visé par l'article 125.

Le préfet du département, le maire d'une commune, les administrateurs des divers établissements publics, les commissions administratives des hospices, les syndics d'une faillite doivent se munir d'une autorisation à l'effet de céder une créance : approbation du conseil général pour le préfet, autorisation du préfet pour le maire, du conseil municipal pour les hospices, du juge-commissaire pour les syndics.

Comment le tuteur cède-t-il les créances de son pupille ? Cette question est controversée. D'après un premier système, le tuteur par application de la loi du 24 mars 1806 doit être préalablement autorisé par le conseil de famille, lorsque la créance à vendre représente un revenu supérieur à cinquante francs; de plus, il doit se conformer aux articles 452 du Code civil et 636 et suivants du Code de procédure sur la vente aux enchères publiques. — D'après un second système l'application de ces articles n'est pas nécessaire, mais l'autorisation préalable du conseil de famille est exigée, quel que soit le chiffre de la créance. — Enfin, suivant un troisième système que nous adoptons, le tuteur, en vertu de l'art. 450, a un mandat général et dégagé de toutes formalités, toutes les fois qu'un texte formel n'a pas restreint ce mandat. Il a donc une capacité absolue à l'égard des créances de son pupille, il n'est pas assujetti aux formalités de l'art. 452 du Code civil qui a trait aux meubles corporels seulement, il ne doit pas se munir de l'autorisation du conseil de famille, comme il y est astreint par la loi du 24 mai 1806 et le décret du 25 septembre 1813, quand il s'agit de rentes sur l'État dépassant cinquante francs et d'actions de la Banque de France appartenant au pupille. Notons que la pratique s'écarte un peu de cette théorie, en ce sens qu'elle exige dans l'intérêt des tiers l'intervention du conseil de famille.

Qui peut être cessionnaire. — Celui qui a la qualité et la capacité d'acheter peut se rendre cessionnaire d'une créance. C'est ainsi qu'un mandataire ou un gérant d'affaires a qualité pour être cessionnaire pour le compte d'autrui, qu'au contraire un simple créancier n'a point cette qualité (art. 1166). Toute personne, en général, a la capacité d'être cessionnaire d'une créance. Les incapables sont le mineur, l'interdit, les personnes morales, les faillis, le mineur émancipé, le prodigue, la femme mariée, les représentants des incapables.

Les quatre premiers sont totalement incapables d'acheter une créance. Quant au mineur émancipé, sa capacité fait l'objet d'une discussion entre les auteurs. Les uns croient le mineur émancipé absolument incapable, l'achat supposant une aliénation ; les autres se fondant sur l'art. 484 du Code civil, lui donnent pleine capacité. Pour nous, nous pensons que le mineur émancipé ayant la libre disposition de ses revenus, peut s'en servir à l'effet d'acheter des créances. Mais l'achat qu'il ferait avec ses capitaux ne serait valable que s'il était précédé de l'autorisation du curateur. Nous soumettons aux mêmes principes les acquisitions de créances faites par l'individu pourvu d'un conseil judiciaire.

En ce qui concerne la femme mariée, il importe de distinguer les divers régimes matrimoniaux. La femme est-elle mariée sous le régime de la communauté, le mari seul achètera la créance, lorsque les deniers de la femme tomberont dans la communauté ; la femme achètera elle-même avec l'autorisation du mari quand elle aura des deniers. Est-elle mariée sous un régime exclusif de la communauté ou sous le régime dotal, d'un côté la communauté étant usufruitière, d'un autre côté le mari étant usufruitier des biens non paraphernaux, mais la communauté et le mari devenant propriétaires des deniers en raison de leur caractère de choses fongibles, le libre usage en est déféré au mari. Est-elle mariée sous le régime de la séparation de biens ou sous le régime dotal en supposant que l'acquisition se fasse avec les deniers paraphernaux, le mari n'ayant ni l'usufruit, ni l'administration des deniers, il lui faut un mandat spécial de la part de la femme pour les aliéner. Quant à la femme, seule elle achète valablement au comptant puisqu'elle touche ses capitaux et en fait l'emploi que bon lui semble, mais l'autorisation du mari lui est indispensable pour acheter à crédit.

Remarquons que la femme commerçante, apte à faire toute espèce d'actes relatifs à son commerce, achète parfaitement une créance sans l'autorisation maritale, lorsque l'achat intéresse son commerce.

Le curateur à une succession vacante ne saurait acheter de créances puisqu'il doit déposer les fonds à la caisse des dépôts et consignations.

Le préfet achète en vertu d'une délibération du

conseil général, le maire en vertu d'une autorisation du conseil municipal, les directeurs des établissements publics en vertu d'une autorisation de certains fonctionnaires, les commissions des hospices en vertu d'une délibération du conseil municipal.

Nous trouvons dans les art. 450, 1595 et 1596 du Code civil des cas d'incapacité relative.

Art. 450. Le tuteur ne peut ni acheter les biens du mineur, ni les prendre à ferme, à moins que le conseil de famille n'ait autorisé le subrogé tuteur à lui en passer bail, ni accepter la cession d'aucun droit de créance contre son pupille.

Cette disposition a pour but d'empêcher que le tuteur ne spécule frauduleusement au détriment de son pupille, en faisant disparaître les quittances du mineur dont il a les titres entre les mains. Cette règle s'applique aussi aux protuteurs, cotuteurs, tuteurs officieux. Les subrogés tuteurs, les curateurs, les conseils judiciaires, le père administrateur légal des biens de ses enfants n'y sont pas soumis, L'art. 450 signifie que le mineur peut demander l'annulation de la vente faite à son tuteur de créances contre lui. Il le peut, il n'y est pas contraint : dès lors le tuteur a les mêmes droits que le créancier, son cédant, si la cession paraît avantageuse au mineur.

Toutefois, nous avouons que cette manière d'interpréter l'art. 450 n'est pas admise par tous les commentateurs. Il en est qui frappent la cession d'une nullité absolue et, contrairement à ce qui se passait à Rome (Novelle 72) conservent au cédant la plénitude de ses droits. Il en est d'autres qui maintiennent la cession entre le cédant et le tuteur, mais la déclarent nulle entre celui-ci et son pupille qui se trouve ainsi libéré, sans bourse délier. Ces auteurs argumentent de la Novelle 72 dont ils déduisent l'art. 450 et ils invoquent l'art. 451. Dans le précédent système on déclare au contraire que la déchéance de la Novelle n'a pas été reproduite, qu'elle ne résulte ni des motifs, ni du but de la loi à qui la nullité suffit, qu'il n'y a pas d'analogie entre l'art. 450 et l'art. 451, celui-ci prévoyant une hypothèse dans laquelle le tuteur est bien autrement en suspicion, qu'enfin la déchéance du droit romain met en péril un tuteur dont la seule faute est peut-être d'ignorer la loi.

Quel sera donc, d'après notre système, le résultat de la nullité? Deux hypothèses peuvent se présenter : ou le mineur a demandé la nullité, ou il ne l'a pas proposée. Dans le premier cas, le mineur à l'égard duquel la créance est supposée inexistante, ayant payé au créancier le montant de la créance, le cessionnaire n'a point d'action en répétition du prix, il n'a d'action ni contre le mineur ni contre le cédant pour le forcer à agir contre le mineur, il n'a qu'une action contre le cédant, l'action en garantie dont l'exercice n'atteint pas le mineur. Dans le second cas, le cessionnaire a droit à l'intégrité de la somme versée par le mineur entre les mains du cédant malgré son acceptation de la cession, et c'est en vain que le mineur actionnerait le tuteur en restitution. La loi lui donne le choix d'accepter ou de méconnaître la cession, mais, raisonnablement, elle ne peut lui donner un privilége plus étendu.

Art. 1595. Le contrat de vente ne peut avoir lieu entre époux que dans les trois cas suivants : 1° celui où l'un des deux époux cède des biens à l'autre, séparé judiciairement d'avec lui, en payement de ses droits ; 2° celui où la cession que le mari fait à sa femme même non séparée a une cause légitime, telle que le remploi de ses immeubles aliénés ou de deniers à elle appartenant, si ces meubles ou deniers ne tombent pas en communauté ; 3° celui où la femme cède des biens à son mari en payement d'une somme qu'elle lui aurait promise en dot, ou lorsqu'il y a exclusion de communauté ; sauf dans ces trois cas, les droits des héritiers des parties contractantes, s'il y a avantage indirect.

Cette disposition a pour but de prévenir les donations irrévocables ainsi que les donations excédant la quotité disponible entre époux et d'empêcher que le mari ne fraude ses créanciers en transmettant à sa femme une partie de son patrimoine. Toute cession consentie en dehors des cas prévus par l'article 1595 est nulle et la nullité peut être invoquée par les époux, par leurs héritiers réservataires ou non, par les créanciers soit antérieurs, soit postérieurs à la vente, car nous n'admettons pas qu'à l'égard des héritiers non réservataires et des créanciers postérieurs la cession puisse valoir comme donation déguisée.

Art. 1596. Ne peuvent se rendre adjudicataires,

sous peine de nullité, ni par eux-mêmes, ni par personnes interposées, les tuteurs, des biens de ceux dont ils ont la tutelle ; les mandataires, des biens qu'ils sont chargés de vendre ; les administrateurs, de ceux des communes ou des établissements publics confiés à leurs soins ; les officiers publics, des biens nationaux dont les ventes se font par leur ministère.

De cette manière, ces personnes ne seront pas placées entre leur intérêt personnel et leur devoir : la nullité de la cession sera proposée par la personne dans l'intérêt de laquelle elle est établie.

Citons encore l'art. 711 du Code de procédure : les avoués ne pourront enchérir pour les membres du tribunal devant lequel se poursuit la vente, à peine de nullité de l'adjudication ou de la surenchère et de dommages-intérêts. Ils ne pourront, sous les mêmes peines, enchérir pour le saisi ni pour les personnes notoirement insolvables. L'avoué poursuivant ne pourra se rendre personnellement adjudicataire ni surenchérisseur à peine de nullité de l'adjudication ou de la surenchère, et de dommages-intérêts envers toutes les parties. — Remarquons que la cession passée au mépris des articles précités est nulle, qu'elle ait été faite directement aux incapables, qu'elle leur ait été faite indirectement par l'entremise d'une personne interposée. En cas de doute sur le caractère de cette personne, le tribunal prononcera sans être astreint à avoir égard aux présomptions légales d'interposition établies par les art. 911

et 1100 relatifs aux donations. Ajoutons que la cession ne doit pas être maintenue par cette circonstance qu'elle se trouve être avantageuse au cédant.

§ 3. *Quelles sont les formes de la cession-transport.*

Aucune forme spéciale n'est exigée par la loi : la cession est toujours valable *inter partes*, qu'elle soit faite par écrit, qu'elle soit faite de vive voix. A l'égard des tiers, certaines formalités doivent être remplies, comme la signification du transport, l'acceptation authentique du débiteur, l'enregistrement du titre de la créance. Nous parlerons plus loin de ces formalités, toutefois disons, quant à l'enregistrement, que le droit dû par le cessionnaire est un droit proportionnel de deux pour cent sur le capital de la rente. Le calcul est simple lorsque le capital consiste en une somme d'argent ; quand il est représenté par un immeuble, on forme le capital en multipliant l'annuité par vingt pour les rentes perpétuelles, par dix pour les rentes viagères. Par exception, le droit d'enregistrement n'est que de un pour cent sur le montant de la valeur nominale de la créance, lorsque la créance cédée est non pas une rente, mais un capital exigible à un moment donné, en d'autres termes, une *créance à terme.* La loi de frimaire an VII a préféré la valeur nominale au prix de cession, dans la crainte que les parties ne diminuassent ce prix. Aussi, c'est sur le prix de cession

que se compte le droit d'enregistrement, quand la
fraude n'est pas possible, comme dans les ventes judiciaires.

§ 4. *Quels sont les effets de la cession.*

Sous cette rubrique nous envisagerons successivement les effets de la cession : 1° par rapport aux
parties; 2° par rapport aux tiers.

I

La cession-transport, véritable vente d'un corps
certain, est à l'égard du cédant et du cessionnaire
translative de propriété en vertu de leur seul consentement, elle fait passer les risques du cédant au
cessionnaire et elle établit entre eux des obligations
respectives.

1° Par suite de son caractère transmissif, la cession procure au cessionnaire tous les accessoires de
la créance : cautionnement, privilége, hypothèque,
droit de gage, titre exécutoire lors même que la cession de la créance constatée par acte authentique,
n'a été faite que sous seing privé, intérêts déjà échus
lors de la cession-transport. Les intérêts, il est vrai,
ayant l'apparence d'un capital, paraissent ne pas
devoir être considérés comme accessoires de la
créance, mais ce qui prouve leur dépendance réelle,
c'est qu'ils sont entraînés par la prescription de la
créance, lors même que leur échéance remonte à
moins de cinq années. Le cédant doit remettre au

cessionnaire les titres qui constatent la créance, en d'autres termes il doit se dépouiller des moyens de poursuivre le débiteur à l'occasion de la créance cédée, et c'est contre lui que tous pactes obscurs seront interprétés.

Les actions en annulation, en rescision ou en résolution sont-elles des accessoires de la créance susceptibles de transmission ? Les auteurs ne sont pas d'accord sur la solution à donner à cette question. Les uns soutiennent l'affirmative, en invoquant le droit qu'a le cessionnaire d'un prix de vente de provoquer, en cette qualité, la résolution de la vente pour cause de non-payement du prix. Mais il y a ici une confusion des principes : si, indépendamment de toute spéculation, le cessionnaire d'un prix de vente peut invoquer la résolution de la vente pour défaut de payement, c'est parce que cette action est un moyen de faire valoir sa créance. Voilà pourquoi elle est comprise dans la cession. Maintenant, serait-il logique de réputer accessoires d'un droit des actions dont l'exercice en amène l'anéantissement ? « Non, dit Marcadé, le droit de résolution du vendeur, quoiqu'il soit aussi, en dehors de son but direct, un moyen de plus d'obtenir le payement de la créance, n'est point un accessoire de cette créance. Loin que le premier droit soit l'accessoire du second, il ne coexiste même pas avec lui, il ne lui est pas concomitant, il ne prend naissance qu'après que celui-ci a cessé d'exister : la demande en résolution implique et présuppose la renoncia-

tion au droit de demander payement, la renonciation à la créance ; or un droit qui ne peut pas exister tant qu'existe un autre droit ne peut certes pas
être l'accessoire de celui-ci. » (Sur l'article 1692,
n° 2).

D'autres auteurs (Troplong, 11, 916, — Duvergier,
11, 222, — Zachariæ, § 359), soutiennent la négative
en s'appuyant sur l'ancien droit, d'après lequel le
cédant pouvant avoir des raisons particulières pour
ne pas demander la rescision ou la nullité de tel ou
tel acte consenti par lui ou par son auteur, il est
rationnel de présumer qu'il n'a pas donné au cessionnaire le droit d'invoquer la rescision de cet acte.
Ces auteurs tirent un second argument de la loi
romaine 25 § 1, *De minoribus* au Digeste, suivant
laquelle il n'était pas permis à celui qui avait reçu
d'un mineur une procuration générale de demander
pour celui-ci la *restitutio in integrum*. Mais ici,
comme précédemment, les principes sont confon-
dus. Autre chose est d'exercer un droit pour autrui,
autre chose de l'exercer dans son intérêt propre.
C'est pourquoi, en France, celui qui a une procuration générale n'a pas le droit d'exercer l'action en
rescision, car ce mandat ne donne que le droit
d'administrer, tandis que celui qui vend tous ses
droits successifs est réputé vendre les actions en
nullité ou en rescision susceptibles d'être intentées
par le défunt, ces droits n'étant pas inhérents à la
personne.

Nous n'adopterons donc ni l'une ni l'autre de ces

opinions, mais prenant un système éclectique, nous laisserons aux tribunaux la faculté de faire fléchir les principes suivant les circonstances.

Il est possible qu'un créancier privilégié, au lieu de céder sa créance entière, n'en cède qu'une partie : dans ce cas, la cession ne transporte au cessionnaire que la partie cédée munie du privilége qui lui correspond. L'autre partie reste en la propriété du cédant, tant en principal, qu'en accessoire. Ainsi, Primus a acheté à Secundus un immeuble pour 100,000 francs dont ce dernier est créancier; et, plus tard, Secundus, ayant besoin de 50,000 francs, avant que le terme fixé pour le payement ne soit échu, cède à Tertius la moitié de sa créance. Ensuite l'immeuble vendu se trouve aliéné par Primus. Dans cette hypothèse, Secundus et Tertius priment tous les créanciers qui ont pu acquérir hypothèque sur l'immeuble du chef de Primus, et ils exercent leur privilége jusqu'à concurrence de 100,000 francs. La position, quant à eux, sera exactement ce qu'elle aurait été si Secundus eût cédé sa créance en totalité, cession qui eût eu pour effet de transmettre à Tertius un privilége adhérant à la créance entière.

Les qualités attachées à la personne du cédant diffèrent des qualités inhérentes à la créance en ce qu'elles ne peuvent être invoquées par le cessionnaire, ni lui être opposées. Ainsi : 1° le créancier qui en sa qualité de mineur voit la prescription interrompue à son profit, cède-t-il sa créance à un majeur, la prescription commence à courir. Réciproquement la cession que fait un majeur à un mineur suspend la prescription au profit du dernier.

2° Le cédant français dispensé de la caution *judicatum solvi*, cède-t-il sa créance à un cessionnaire étranger, celui-ci ne bénéficie pas de la dispense (article 16). La réciproque est également vraie dans cette hypothèse.

3° Le cédant français qui a pour débiteur un étranger, a le droit de l'actionner devant les tribunaux français (art. 14). Ce droit ne saurait être invoqué par le cessionnaire étranger.

Plusieurs auteurs doutent que le Français puisse en matière civile, actionner l'étranger devant un tribunal français pour l'exécution d'obligations contractées envers un étranger dont il est cessionnaire, par ces raisons que d'après l'art. 177, de l'ordonnance de Blois, ceux qui avaient le privilége de distraire le défendeur des juges de son domicile (privilége de *committimus*) ne pouvaient l'exercer que pour les droits qu'ils avaient de leur chef et non en vertu d'un transport, qu'un cessionnaire ne peut acquérir plus de droits que n'en avait le cédant, que l'art. 14 ne parle que des Français qui ont *contracté* avec des étrangers. — Mais on peut répondre avec raison que l'article 177 de l'ordonnance, en consacrant une dérogation toute favorable aux nationaux, puisque le privilége de *committimus* s'exerçait contre eux, ne saurait servir d'argument dans le sens de la négative, que le Français ne réclame pas le droit que nous lui reconnaissons, comme s'il le tenait du

cédant, mais plutôt comme une faveur toute personnelle, à l'instar du mineur cessionnaire d'un majeur relativement à la suspension de la prescription,
que ce dernier pouvait voir invoquer contre lui.
On ne saurait rien conclure de l'art. 14. Comment
donner un sens aussi restrictif à des mots, comme
obligation *contractée*, sous lesquels tout le monde
reconnaît l'idée d'obligations nées d'un quasi-con-
trat, d'un quasi-délit, voire même d'un délit! Ni la
lettre, ni l'esprit des articles 14 et 15 de la loi du
17 avril 1832 ne supposent une distinction quelconque dans l'application des bénéfices équitables,
dont le but n'est autre que celui de fournir aux
nationaux le moyen d'obtenir justice. En matière
commerciale, la doctrine et la jurisprudence s'accordent à admettre que le porteur français assigne
valablement l'étranger souscripteur de l'effet, devant
le tribunal français, quoique le preneur ou le bénéficiaire soit étranger. Pourquoi cette différence de sen-
timent? Serait-ce parce que le débiteur étranger en
s'obligeant à payer au créancier étranger ou à son
ordre a dû prévoir la possibilité d'un endossement fait à l'étranger? Mais, le cessionnaire qui ne
s'oblige pas à ordre peut avoir cette prévision.
Serait-ce parce que le contractant à ordre contracte
directement avec celui qui sera porteur à l'échéance,
vu qu'il ne saurait lui opposer des exceptions opposables au preneur? Mais cette assertion peut être
contestée; on peut soutenir que le souscripteur
s'oblige directement envers le preneur actuel et

envers lui seul, et que si la loi n'a pas permis que les exceptions opposables au preneur pussent être opposées au porteur, c'est qu'elle a voulu, en dérogeant aux principes, faciliter la circulation des effets de commerce; qu'en effet, cette circulation eût été compromise si le porteur avait eu à craindre, en contractant, l'emploi d'exceptions inconnues. On peut à la rigueur soutenir que c'est cette ignorance qui sert de base à la dérogation, et le souscripteur en démontrant que le porteur connaissait les moyens d'exception au moment de l'endossement, a droit d'invoquer les principes ordinaires. Nous croyons donc que la distinction ne repose sur aucun fondement.

4° Avant la loi de 1867 qui a aboli la contrainte par corps, une personne créancière d'une autre personne dont elle n'est ni parente, ni alliée, pouvait exercer contre elle la contrainte par corps, le cessionnaire ne pouvait l'exercer, s'il se trouvait être parent ou allié du débiteur; de même lorsqu'un Français créancier d'un étranger non domicilié en France, faisait cession de sa créance à un étranger, celui-ci ne pouvait pas valablement conclure à la contrainte par corps ou à l'arrestation provisoire.

5° La créance saisissable entre les mains du cédant peut devenir insaisissable entre les mains du cessionnaire. Une rente viagère léguée et déclarée insaisissable par le testateur, restera-t-elle insaisissable après cession entre les mains du cessionnaire? L'affirmative se prévaut de l'intérêt du légataire : en effet, l'insaisissabilité est de nature à élever le prix de cession. La négative regarde cet intérêt comme étant subsidaire, et, se souciant davantage de la pensée du testateur, elle suppose l'insaisissabilité établie dans l'intérêt unique du légataire.

Nous ne considérons pas comme inhérentes à la personne les sûretés spéciales que garantissent une créance déterminée du mineur contre son tuteur, comme la dispense d'inscription de l'hypothèque légale, par rapport au reliquat de compte de tutelle (art. 2121), le privilége de l'art. 474 d'après lequel les intérêts du reliquat courent de plein droit du jour de la clôture du compte. Nous considérons au contraire comme inhérent à la créance le privilége de l'art. 60 du Code de procédure d'après lequel les demandes formées pour frais par officiers ministériels sont portés au tribunal où les frais ont été faits.

La cession-transport met à la charge du cessionnaire tous les risques qui ne proviennent pas d'un fait imputable au cédant. Une prescription qui a commencé à courir avant la cession et s'accomplit postérieurement à elle, est-elle aux risques du cédant, ou aux risques du cessionnaire? La solution de cette question se trouve dans les circonstances. En principe, le cédant est garant de l'extinction, quand elle n'est pas imputable au cessionnaire : or, le cessionnaire pouvant interrompre la prescription et ne l'ayant pas fait, est responsable ; mais l'acquéreur n'étant au contraire coupable d'aucune négligence, les risques restent à la charge du cédant contre lequel le cessionnaire a l'usage du recours en garantie.

C'est ainsi que le cédant est responsable, lorsque la prescription est sur le point de s'accomplir au moment de la cession, et que les titres de la créance ne sont pas remis à l'acquéreur.

La cession, avons-nous dit plus haut, établit à la charge du cédant et du cessionnaire certaines obligations. Le cédant doit au cessionnaire délivrance et garantie.

Art. 1689. La délivrance d'une créance, d'un droit ou d'une action sur un tiers, s'opère entre le cédant et le cessionnaire par la remise du titre.

Cet article est inexact à trois points de vue. Tout d'abord, les rédacteurs ont confondu la délivrance et la cession elle-même. En effet, ces mots : *« entre le cédant et le cessionnaire »* font antithèse aux mots de l'article suivant : « à l'égard des tiers », or, qui ne sait que la vente de la créance s'opère *solo consensu* entre parties? Les rédacteurs ont ensuite donné une portée trop étendue à l'art. 1689 en parlant des créances, droits et actions qui comprennent à la vérité tout ce qui est susceptible d'être vendu, puisque juridiquement on ne vend que des droits, la chose vendue n'étant qu'objet du droit. A l'inverse, c'est à tort que l'art. 1689 ne mentionne que la remise du titre comme moyens de faire passer la créance en la possession du cessionnaire. La remise du titre est bien le moyen habituel de délivrance, mais il peut se faire que le titre fasse défaut, et même en le supposant existant, la remise ne constitue pas à elle seule la délivrance, il faut y adjoindre l'usage libre de la créance, du consentement du cédant ; il faut enfin y ajouter la remise des moyens de preuve relatifs aux accessoires de la créance.

Art. 1693. Celui qui vend une créance ou autre droit incorporel doit en garantir l'existence au temps du transport, quoiqu'il soit fait sans garantie.

Art. 1694. Il ne répond de la solvabilité du débiteur que lorsqu'il s'y est engagé, et jusqu'à concurrence seulement du prix qu'il a retiré de la créance.

Art. 1695. Lorsqu'il a promis la garantie de la solvabilité du débiteur, cette promesse ne s'entend que de la solvabilité actuelle, et ne s'étend pas au temps à venir, si le cédant ne l'a expressément stipulé.

La garantie en matière de cession donne lieu à trois questions qu'il importe d'examiner. 1º Quelle est l'étendue de la garantie à la charge du cédant ? 2º Quelles sont les prérogatives du cessionnaire en vertu de la garantie ? 3º Comment le cessionnaire en est-il dépouillé ?

I. — Dans l'ancien droit, on distinguait deux sortes de garantie : la garantie de droit et la garantie de fait. La première consistait à répondre de l'existence de la créance, la seconde se rapportait à la solvabilité du débiteur. La garantie de droit tirait son nom de ce que le cédant en était tenu de plein droit et par la nature même du contrat, indépendamment de toute convention à cet égard. La garantie de fait était ainsi nommée parce que le cédant n'en était pas tenu de plein droit et par la nature seule du contrat, mais seulement lorsque de fait et par une clause particulière, il s'y était obligé. Cette distinction a été reproduite par le Code.

Garantie de droit. — Cette garantie consiste, d'après Pothier, à promettre que la créance vendue « est véritablement due au vendeur, et à défendre l'acheteur à l'occasion des demandes intentées par ceux qui en revendiqueraient contre l'acheteur la propriété ou qui y prétendraient des hypothèques. » Selon Loyseau, « en tous contrats de vente indistinctement, le vendeur est tenu de trois choses par la nature même du contrat de vente, pour exclure le recours en garantie : 1° que la chose soit et subsiste ; 2° qu'elle lui appartienne ; 3° qu'elle ne soit engagée ni hypothéquée à autrui ; et l'une de ces trois conditions manquant, l'action en garantie a lieu. »

Le législateur de 1804 a maintenu ces trois chefs dans l'art. 1693, et il n'en a point ajouté d'autres. Ainsi, la garantie de droit a trait à l'existence de la créance, à la propriété du cédant, aux hypothèques, gages, cautions, mais elle ne s'étend pas à la suffisance des gages et hypothèques, à la solidité des cautions. Elle oblige le cédant à restituer au cessionnaire : 1° le prix de la cession ; 2° les intérêts de ce prix ; 3° les dommages-intérêts et les frais et loyaux coûts du contrat ; 4° les frais de poursuites exercées par le cessionnaire contre le cédé ainsi que ceux de l'instance en garantie (art. 1630). Le cédant est donc obligé, quand la créance n'existe pas, à payer au tenu de l'indemniser quant au gain prévu dans la spéculation : la loi qui ne voit les achats de créances qu'avec défaveur, n'a pas étendu aussi loin sa protection. L'art. 1694 qui le dit formellement pour le cas où le vendeur avait garanti la solvabilité du débiteur, nous présente dans ce sens un argument *a fortiori*.

Au lieu d'une éviction totale, supposons l'existence d'une éviction partielle. L'éviction partielle est visée par l'art. 1636 aux termes duquel, si l'acquéreur n'est évincé que d'une partie de la chose, et qu'elle soit de telle conséquence, relativement au tout que l'acquéreur n'eût point acheté sans la partie dont il a été évincé, il peut faire résilier la vente. — La cession est-elle maintenue, nous pensons que le cédant, par application de l'art. 1694, doit rembourser une portion du prix proportionnelle à la partie de la créance perdue pour le cessionnaire. Nous écarterons donc l'art. 1637 d'après lequel le cédant doit restituer au cessionnaire la valeur de la partie dont celui-ci se trouve évincé, suivant l'estimation de cette partie au moment de l'éviction.

Cette théorie est applicable en cas d'éviction par suite de l'insolvabilité partielle du débiteur, lorsque la solvabilité de celui-ci a été garantie par le cédant.

Garantie de fait. La garantie de fait se rapporte aux clauses extensives de la garantie de droit que le cédant et le cessionnaire peuvent modifier à leur gré, puisque les conventions légalement formées font

La clause de *non-garantie* n'exclut pas la garantie de droit, c'est-à-dire celle de l'existence de la créance, et elle est sans utilité quand il ne paraît pas que les parties ont voulu étendre la portée de cette dernière.

La clause de non-garantie *sans restitution de deniers*, et la clause d'achat aux *risques et périls de l'acheteur* n'excluent pas davantage la garantie de droit, à moins que la créance ne soit vendue comme litigieuse, comme simple prétention, car alors il s'agit d'un contrat aléatoire, et le prix stipulé est la représentation d'un aléa, de prétentions plus ou moins fondées de la part du cédant. Les tribunaux apprécieront, en cas de contestation, la nature de la convention.

Observons que la clause restrictive de la garantie ne reçoit jamais plein et entier effet, quand il s'agit d'obvier à la responsabilité d'un fait personnel, car dans ce cas la clause est entachée d'immoralité.

La garantie de fait ou extensive de la garantie de droit a trait principalement à la solvabilité du débiteur. La garantie de la solvabilité en général ne s'entend que de la solvabilté actuelle, et la stipulation expresse de la solvabilité future n'oblige pas le cédant au delà du prix par lui accepté. Néanmoins, rien n'empêche que le vendeur puisse s'engager formellement jusqu'à concurrence de la valeur nominale de la créance, sous la réserve des dispositions de la loi du 3 septembre 1807 relative à l'usure.

Pothier distinguait trois espèces de garantie de

fait : 1° la garantie de fait purement dite, 2° la garantie de fournir et faire valoir, 3° la garantie de fournir et faire valoir après simple commandement.

Le cédant est tenu de la *garantie de fait* en vertu de la clause pure et simple de garantie suivant certains auteurs, et suivant le plus grand nombre en vertu de la volonté des parties manifestée dans l'acte de cession, car le doute s'interprète en faveur du débiteur, du cédant dans l'espèce, contre qui la clause est dirigée. On a objecté à tort à cette dernière interprétation l'art. 1157 du Code civil d'après lequel une clause susceptible de deux sens doit être entendue dans celui avec lequel il peut produire quelque effet, et l'art. 1602 qui exige que tout pacte obscur s'interprète contre le vendeur. L'adoption que nous ferions ici de l'art. 1157 nous conduirait dans beaucoup de cas analogues à des conséquences inadmissibles.

Quant à l'art. 1602, il ne s'applique pas aux clauses particulières que l'acheteur ou le cessionnaire peut avoir stipulées dans son intérêt.

La clause de garantie de fait simplement dite et celle de garantie *de tous troubles et empêchements quelconques* soumettent en général le cédant à l'obligation de répondre de la solvabilité actuelle du débiteur. Nous disons en général, car il est possible que des questions de fait, soulevées par les parties, viennent modifier la règle.

La clause *de fournir et faire valoir*, ou celle de payer à défaut du débiteur est, selon Pothier, une

espèce de garantie par laquelle « le vendeur d'une
rente ou autre créance s'oblige à fournir cette créance
et à la faire valoir bonne, solvable et bien payable. »
« Fournir, disait Loyse᾽ n, c'est suppléer, parachever
ce qui manque, donc fournir une rente, c'est suppléer
et achever ce que le débiteur ne pourrait payer, c'est
s'en rendre caution. Pareillement, ces mots faire
valoir signifient *in se recipere*, prendre pour soi, répondre que la rente sera payée tant qu'elle durera. »
Cette clause emporte garantie de la solvabilité actuelle et de la solvabilité future du débiteur cédé,
en n'engageant toutefois le cédant que jusqu'à concurrence du prix qu'il a reçu et ne le soumettant à
aucuns dommages-intérêts (art. 1694). Le cédant ne
promet pas que le débiteur voudra payer, mais qu'il
pourra payer, qu'il est solvable; dès lors le cessionnaire ne peut recourir contre le cédant qu'après
discussion des biens du débiteur, des cautions fournies, des hypothèques établies.

Remarquons que le cessionnaire perd ses droits
à la garantie actuelle et future quand, à défaut d'actes conservatoires, il laisse périr soit la créance elle-
même, soit les sûretés qui en étaient les accessoires.
Nous ne croyons pas qu'il y ait à distinguer si le
dépérissement a été amené par un fait positif ou
bien par un fait négatif, c'est-à-dire par la négligence
du cessionnaire. L'art. 2037, qu'on a surtout invoqué
dans le sens contraire, ne nous paraît pas autoriser
cette distinction. Du reste, notre opinion est conforme à celle de Pothier dont les rédacteurs du

Code se sont longuement inspirés en cet endroit.

La clause *de fournir et de faire valoir après sim-ple commandement* diffère de la clause *de fournir et de faire valoir* en ce que le cessionnaire n'est pas obligé de discuter les biens du débiteur avant de re-courir contre le cédant. Il lui suffit de mettre le dé-biteur en demeure par un simple commandement. Il se peut même que le cessionnaire n'ait pas besoin de faire un commandement, et ceci a lieu lorsque le vendeur s'est engagé à payer lui-même sans com-mandement et à l'échéance d'une époque fixée d'a-vance. — La clause de fournir et de faire valoir après simple commandement diffère encore de celle de fournir et de faire valoir en ce que le cessionnaire n'est pas tenu de prendre des mesures conserva-toires, sous peine de perdre le bénéfice de la garantie de la solvabilité, surtout s'il a remis au cédant les titres de la créance, car alors le cédant s'est visible-ment chargé du soin de la conservation.

II. — Les prérogatives dont jouit le cessionnaire en vertu de la garantie sont celles du droit com-mun, art. 1625 et suivants. Elles se résument en une fin de non-recevoir contre le cédant : *quem de evic-tione tenet actio, eumdem agentem repellit exceptio*; et en une action dite *action de garantie* dont l'objet est tantôt de faire intervenir le cédant dans un débat relatif à la créance pour qu'il protége le cessionnaire, tantôt de le contraindre à indemniser ce dernier. S'agit-il d'une garantie de droit ou d'une simple ga-rantie de fait, l'indemnité, ainsi que nous l'avons dit

plus haut, ne comportera pas de dommages-intérêts, contrairement au droit commun. Cette dérogation s'explique par le peu de faveur dont la loi en-
toure les spéculateurs de créances, et par le caractère
aléatoire qu'une cession revêt presque toujours. Or,
le législateur n'a pas voulu que le cessionnaire bé-
néficiât seul de l'aléa. S'agit-il d'une garantie de faire
et faire valoir, les principes ne sont plus les mêmes :
ici, le cédant devra restituer la différence entre le
quantum du prix de cession et le montant de la
créance.

Mais, le résultat est-il toujours le même, soit que
le cédant poursuive de son chef le cédé, ou le poursuive du chef du cédant, soit qu'il se serve de la
maxime : *quem de evictione ?*... Supposons une cession partielle et le concours du cédant et du cessionnaire sur l'actif du cédé insolvable, supposons en
outre l'insolvabilité du cédant (le cédant étant solvable, le résultat ne saurait varier, car le cessionnaire
par l'effet du recours qu'il a contre lui obtiendra
le montant intégral de sa créance). Dans cette hypothèse, l'action en garantie a pour double effet de colloquer sur l'actif du cédé le cessionnaire concourant
avec le cédant qui, lui aussi, est créancier du débiteur cédé, de colloquer le cessionnaire concourant
avec les créanciers du cédant sur l'actif de celui-ci,
actif qui comprend l'émolument de la créance cédée
et qui est le gage commun de tous les créanciers. Au
contraire, dans la même hypothèse, l'exception
quem de evictione... a un effet tout différent, car elle

préserve le cessionnaire du concours du cédant, de sorte qu'il garde pour lui seul ce qu'il eût été obligé de partager au marc le franc avec les créanciers du cédant, s'il avait intenté l'action en garantie. On voit que par ce procédé, le cessionnaire a plus de chance d'arriver au plein recouvrement de sa créance. Au reste, si la créance n'est pas entièrement remboursée, il a toujours le droit de recourir pour la différence contre le cédant.

La maxime *quem de evictione...* pleine de logique et d'équité dans son application, lorsque le cessionnaire se trouve en présence du cédant solvable ou présumé tel, n'offre plus le même caractère quand le cédant est insolvable ou présumé insolvable comme dans les cas de faillite, de l'exercice par les créanciers du droit conféré par l'art. 1166, de l'acceptation de la succession sous bénéfice d'inventaire. Aussi se demande-t-on s'il est juste de conclure, ainsi que l'a fait la Cour de cassation, de l'application de la maxime contre le cédant exigeant le concours, à l'application contre ses créanciers vigilants. Nous sommes persuadés, quant à nous, que non-seulement une pareille conclusion n'est pas équitable, mais qu'en outre elle est directement contraire aux décisions de la loi. Que veut l'équité? elle veut que tous les créanciers (le cessionnaire est, quant à la garantie, un véritable créancier) aient des droits égaux à moins que la loi n'ait établi une cause de préférence au profit de l'un d'eux. Que fait la loi? elle consacre la règle de l'équité et laisse entendre qu'elle

n'a créé pour le cessionnaire aucune cause de préférence. Art. 2092 : « Quiconque s'est obligé personnellement est tenu de remplir son engagement sur
tous ses biens mobiliers et immobiliers, présents et
à venir. » Art. 2093 : « Les biens du débiteur sont le
gage commun de ses créanciers ; et le prix s'en dis-
tribue entre eux par contribution, à moins qu'il n'y
ait entre les créanciers des causes légitimes de préférence. » Art. 2094 : « Les causes légitimes de préfé-
rences sont les priviléges et les hypothèques. »
Qu'on ne dise pas l'art. 2094 vise d'autres causes de
préférence que les priviléges et hypothèques, qu'autrement dit il n'est qu'énonciatif, car une assertion
de ce genre n'est pas soutenable, surtout en présence des conditions naturelles (droit de rétention)
ou artificielles (priviléges et hypothèques) de publicité exigées pour la validité des causes de préférence
à l'égard des tiers. Or quel moyen pour les tiers de
connaître la cession quand celle-ci s'est effectuée
d'une manière clandestine, quand par exemple elle
est le résultat d'un endossement, alors que les formalités de l'acceptation ou de la signification ne sont
pas exigées par la loi? — Enfin la doctrine de la Cour
de cassation manque de logique, car dans l'hypothèse d'une cession partielle faite à un premier cessionnaire et d'une cession complète de la portion de
créance restée au cédant faite à un second cessionnaire, la Cour suprême, comme tout le monde au
reste, admet le concours des deux cessionnaires. Si
l'on permet au second cessionnaire de concourir,

pourquoi le défendre aux créanciers qui sont pour ainsi dire les cessionnaires des valeurs composant l'actif de leur débiteur : *ubi eadem ratio ibi idem jus.*

III. — Le cessionnaire perd l'usage de l'exception et de l'action de garantie de trois manières : par suite de sa renonciation à la garantie, sans qu'il importe qu'elle soit antérieure ou postérieure à l'éviction, pourvu qu'il ne s'agisse pas de la garantie d'ordre public des faits personnels ; par la prescription de trente ans à partir du jour de l'exigibilité de la créance ; enfin quand le préjudice survenu peut être considéré comme étant imputable au cessionnaire ; par exemple, quand il fait remise de la dette au débiteur, quand il lui accorde un délai de grâce (l'article tout spécial 2039 ne pourrait être objecté) ; à moins qu'il ne soit établi que le débiteur n'était déjà plus solvable à l'époque de l'exigibilité de la créance, quand il donne mainlevée de l'hypothèque, quand il fait remise à la caution de son obligation, et par caution on peut entendre celui qui a donné la garantie de fournir et faire valoir.

Nous venons de voir les obligations mises par la loi à la charge du cédant, celles qui incombent au cessionnaire sont les suivantes : il doit prendre livraison de la créance, supporter les frais du contrat, payer le prix de la cession. Ce prix doit être sérieux, consister soit en argent, soit en rente viagère ou constituée, être certain et déterminé. La détermination peut toutefois être laissée à l'arbitrage d'un tiers.

Si le prix n'est pas payé de la manière convenue, le cédant a le droit d'intenter l'action en résolution de la cession, ou l'action en revendication. Il jouit du privilége établi par l'art. 2102-4° au profit du vendeur d'effets mobiliers non payés.

Jusqu'ici nous avons supposé une cession complète de créance, quand au contraire il s'agit d'une cession partielle, il importe de ne pas perdre de vue que le cédant ne jouit d'aucune préférence sur le cessionnaire pour ce qui lui reste dû, et que réciproquement le cessionnaire ne jouit en principe d'aucune préférence sur le cédant. Cependant, on a contesté cette interprétation des principes, mais à la suite d'une confusion évidente de la garantie de l'existence ou de la légitimité de la créance et de la solvabilité du débiteur. Si la première de ces garanties a lieu de plein droit, il en est autrement de la seconde qui ne peut être perdue qu'en vertu d'une clause formelle, que la cession soit intégrale, qu'elle soit partielle. La convention est ici la loi des parties. On voit par là que pour que le cessionnaire passe avant le cédant sur la portion réservée, il faut qu'il y ait une clause dans ce sens, il faut que le cédant se soit engagé envers le cessionnaire à le payer à défaut du débiteur cédé ou qu'il ait garanti la solvabilité actuelle et future de ce dernier.

De même en cas de concours entre différents cessionnaires successifs de portions d'une même créance, aucune préférence n'est accordée à ceux dont les titres sont les plus anciens. Tous sont colloqués par contribution au marc le franc de leur prétentions respectives, à moins que le cédant n'ait implicitement ou expressément donné la priorité sur lui-même à un ou à plusieurs des créanciers. En effet, le cédant qui a accordé à un cessionnaire partiel la priorité sur lui-même n'est plus libre d'aliéner le reste de la créance sans la charge de la priorité qui constitue un droit acquis pour le cessionnaire : *nemo plus juris in alienum transferre potest quam ipse habet.*

Nous avons terminé l'examen des effets de la cession-transport relatifs aux parties contractantes, passons maintenant aux effets relatifs aux tiers.

II

Et d'abord, qu'entendons-nous par *tiers*? Par ce mot, nous entendons tous les individus qui ont un intérêt légitime à écarter la vente de la créance, pour faire maintenir des droits ou des avantages acquis depuis la passation du contrat ; par exemple de nouveaux cessionnaires, le débiteur cédé qui a payé au cédant sa créance en partie ou en totalité, la personne à laquelle la créance a été donnée en gage, les créanciers du cédant antérieurs ou postérieurs à la cession qui ont acquis sur la créance des droits distincts de ceux de leur débiteur par des saisies-arrêts pratiquées sur la créance cédée ou par l'effet de la déclaration de faillite du cédant.

La cession de créance est sans effet vis-à-vis toutes ces personnes si elle n'a été signifiée au débiteur ou acceptée par lui (art. 1690). Dans l'ancien droit, la signification était indispensable pour que le cessionnaire devînt propriétaire de la créance, elle équivalait à la tradition dont on usait dans les ventes de choses corporelles. Dans notre législation actuelle, la formalité de la signification a son principe dans une mesure de publicité que le législateur crut nécessaire de prendre au sujet des transferts de créances. Il craignit que le cédant ne fraudât les tiers en faisant une cession simulée, en passant une seconde cession préjudiciable au nouveau cessionnaire. La signification écarte ce danger, en permettant aux tiers d'obtenir du débiteur cédé les renseignements qui leur conviennent.

Quelles sont les formes de la signification? La signification s'opère par exploit d'huissier remis à la personne du débiteur ou à son domicile réel, de manière que le débiteur ait une connaissance réelle de la cession. Lorsque le débiteur demeure hors du territoire continental ou à l'étranger, l'exploit est remis au procureur du gouvernement, par application de l'art. 69 du Code de procédure. Il n'est pas nécessaire que l'exploit relate l'acte de cession dans toute sa substance, un simple extrait nous semble snffisant. Il est signifié à la requête du cédant ou du cessionnaire.

Quelles sont les formes de l'acceptation? L'acceptation doit être reçue par acte authentique, mais il importe peu qu'elle intervienne dans l'acte même de cession ou dans un acte séparé. Elle peut émaner soit du débiteur lui-même, soit d'un mandataire pourvu d'une procuration authentique. Ce n'est d'ailleurs pas sans raison que la manifestation de la volonté est ainsi astreinte à l'authenticité. La minute d'un acte authentique demeurant chez le notaire à l'abri de toute suppression, permet au débiteur de prouver la cession chaque fois qu'il a intérêt à le faire. Au contraire, l'acte sous seing privé, en supposant même les formalités de l'enregistrement accomplies, laisse aux parties la possibilité d'anéantir ou de faire valoir à leur gré, les cessions postérieures ou les saisies pratiquées sur la créance, puisqu'elles sont libres de produire ou de retenir à leur fantaisie l'acte qui contient l'acceptation de la cession par le débiteur. Ajoutons à cela que l'acte authentique donne à l'acceptation une notoriété que ne reçoit pas celle qui est contenue dans un acte sous seing privé même enregistré. Disons en passant que le droit d'enregistrement est un droit fixe de deux francs, lorsque l'acceptation est fournie par acte séparé. L'acceptation comprise dans l'acte de cession n'est soumise à aucun droit.

De ce qui vient d'être dit, il résulte clairement que l'acceptation par acte sous seing privé est inopposable aux tiers, quoique valable entre parties. Il faut en dire autant de l'acceptation verbale. En outre, il n'y a pas à se préoccuper de ce que le débiteur a connu indirectement le transport : la connaissance personnelle n'a aucune valeur, à moins que les parties ne soient de mauvaise foi. En raison de l'article 1141 et de l'art. 1690 lui-même dont le but unique est de garantir les intérêts légitimes des tiers, nous appliquerons cette distinction entre la bonne et la mauvaise foi au second cessionnaire qui, au moment du transport, avait connaissance de la première cession. Nous le considérerons comme étant de mauvaise foi lorsqu'en contractant il n'avait aucune raison suffisante de ne pas croire à la sincérité de cette cession. Quant aux créanciers saisissants qui avaient connu l'existence d'un transport non signifié ni accepté, avant d'opérer la saisie, il est clair qu'on ne pourrait se prévaloir contre eux de cette connaissance personnelle : *jura vigilantibus succurrunt, non dormientibus.*

Dans quel délai les formalités de la signification ou de l'acceptation doivent-elles être accomplies ? La loi ne fixe aucun délai, et l'on conclut de ce silence qu'elles interviennent efficacement même après la mort du cédant et l'acceptation de sa succession sous bénéfice d'inventaire, l'héritier bénéficiaire ne devant pas être considéré comme un *tiers.* Cependant on comprend que les formalités dont nous parlons seraient inutiles si elles intervenaient postérieurement à l'extinction de la créance, ou à un nouveau dessaisissement de la part du cédant, ou à une main-mise quelconque, à une saisie pratiquée entre les mains du débiteur. Mais remarquons que c'est à l'égard du saisissant seulement que la saisie-arrêt empêche que les formalités de la signification ou de l'acceptation puissent être utilement accomplies, et qu'il en est autrement à l'égard des autres créanciers du cédant ou d'un nouveau cessionnaire.

Les formalités qui sont accomplies après le jugement déclaratif de la faillite du cédant, ne sont pas opposables aux créanciers du failli. Ici, en effet, le cessionnaire n'est lui-même qu'un simple créancier du cédant, et l'on sait qu'entre créanciers d'un homme déclaré en faillite, aucun n'acquiert après le jugement qui dessaisit le débiteur commun, une position préférable à celle des autres. Certains auteurs ont pourtant soutenu l'opposabilité de ces formalités tardives, mais ils n'ont pas songé que les créanciers du failli deviennent tiers d'ayants-cause qu'ils étaient auparavant, précisément par suite du jugement déclaratif de faillite, et qu'ainsi la signification ou l'acceptation authentique de la cession opère, quant à eux, saisine complète au profit du cessionnaire, lorsqu'elle est antérieure à ce jugement.

Le transport consenti et signifié avant le jugement déclaratif de faillite, mais depuis la cessation de paiement ou dans les dix jours qui l'ont précédée est opposable lorsque l'acquéreur ignorait au moment du transport la cessation de paiement de son vendeur. Ceci résulte de l'art. 447 du Code de commerce. On peut encore tirer dans ce sens un argument *a contrario* de l'art. 447 qui, prévoyant les hypothèses spéciales d'un contrat à titre gratuit, d'un payement ou d'un nantissement, déclare nuls ceux-ci, lorsqu'ils ont eu lieu depuis la cessation des payements et même dans les dix jours qui ont précédé cette époque.

Par qui et à qui la signification doit-elle être faite? La signification doit être faite soit à la diligence du cédant, soit à la diligence du cessionnaire, car l'un comme l'autre ont intérêt à ce que cette condition de publicité soit remplie ; elle peut encore être faite par l'entremise d'un mandataire. Elle est reçue par le débiteur cédé, par son mandataire et par son représentant en cas d'incapacité. Est-ce l'État qui est débiteur cédé, la signification est reçue par le fonctionnaire chargé de payer, par le proposé à la direction du Trésor à Paris, par le trésorier général en province. Le directeur cédé se trouve-t-il être une commune, la signification est reçue par le receveur municipal. De même que la signification, l'acceptation émane du débiteur cédé, de son héritier, d'un représentant légal, d'un mandataire conventionnel.

Lorsqu'il y a plusieurs codébiteurs, ou un débiteur et une caution, faut-il qu'une signification soit adressée à chacun des codébiteurs? Faut-il que l'acceptation émane de chacun d'eux ? Distinguons : les codébiteurs sont-ils seulement conjoints, il est nécessaire de faire autant de significations ou de recevoir autant d'acceptations qu'il y a de codébiteurs, car il y a dans ce cas autant de créances que de codébiteurs. Les codébiteurs sont-ils unis par les liens de la solidarité, alors une seule signification, une seule acceptation saisira le cessionnaire, car il n'existe qu'une seule créance. Mais remarquons que les payements faits de bonne foi par les autres codébiteurs entre les mains du cédant ou d'un second cessionnaire sont maintenus. — Le débiteur a-t-il fourni une caution, la signification faite au débiteur principal est censée faite à la caution, mais on maintient les payements qu'elle effectue de bonne foi. Quant à la signification faite à la caution, elle ne saurait saisir le cessionnaire à l'égard du débiteur principal.

Quels sont les effets de la signification et de l'acceptation? La signification et l'acceptation ensaisinent le cessionnaire vis-à-vis des tiers. Le cédant cesse d'être créancier, le cessionnaire le devient; le premier perd le droit d'agir contre les tiers comme créancier, le second l'acquiert, l'un se dépouille de la faculté de pratiquer des mesures conservatoires, l'autre obtient le droit d'agir en vertu du payement; celui-là en un mot perd tous ses droits à la créance, celui-ci au contraire en recueille toutes les qualités et aussi tous les défauts. Le cessionnaire devient passible de toutes les exceptions auparavant opposables au cédant, par exemple, l'exception d'imputation d'intérêts usuraires, celle de réduction du prix d'un fonds de commerce ou d'un office ministériel. Il faut excepter pourtant l'exception tirée de la simulation de la cession, par suite d'une contre-lettre qui l'a annulée. La contre-lettre valable *inter partes*, opposable par conséquent au cédant est sans effet vis-à-vis du cessionnaire. — Le débiteur perd le droit d'opposer les exceptions qui lui compètent par sa renonciation ou par son engagement personnel d'acquitter le cessionnaire, en exceptant toutefois le cas où le payement effectué entre les mains du cédant eût fait naître une action en répétition au profit du débiteur. Ici, l'engagement pris par ce dernier manque de cause.

Le débiteur cédé peut faire valoir les exceptions, indépendamment de toute convention faite à cet égard lors de la signification ou même de l'acceptation de la cession, sauf l'exception de compensation, ainsi que nous le verrons bientôt. Mais remarquons que si l'acceptation du débiteur constituait une faute ou une imprudence de sa part, comme dans le cas où le débiteur d'une dette de jeu ou d'intérêts usuraires, après avoir souscrit une reconnaissance pour prêt d'argent accepte purement et simplement la cession de la créance constatée par cette reconnaissance, le débiteur pourrait être contraint de réparer le tort fait au cessionnaire par suite de cette acceptation (Aubry et Rau, § 359 bis).

Le débiteur cédé a-t-il le droit d'exercer contre le cessionnaire qu'il a désintéressé les actions en répétition qu'il eût pu intenter contre le cédant, s'il eût effectué le payement entre les mains de ce dernier? Cette question a fait l'objet d'une discussion assez vive entre M. Héan et M. Mourlon. Ces auteurs se demandaient si l'acquéreur d'un immeuble qui a payé son prix d'acquisition au cessionnaire du ven-

deur, est fondé à répéter le prix du cessionnaire lui-
même, s'il vient à être évincé de l'immeuble qui lui
a été vendu. On voit tout l'intérêt que présente la
question, lorsque le vendeur est insolvable. L'affirmative fait peser l'insolvabilité sur le cessionnaire,
la négative, au contraire, la met à la charge du débiteur ou acquéreur.

M. Héan a prétendu que l'action en répétition ne
pouvait pas être exercée contre le cessionnaire, en
soutenant qu'en droit français comme en droit romain le cessionnaire n'est qu'un représentant du cédant, un *procurator in rem suam*, qu'il n'a qu'une
action utile pour obtenir l'émolument de la créance
dont le cédant est resté titulaire, que c'est toujours
au nom du cédant que se produisent les actes dérivant
de l'exercice de la créance, — que s'il n'est pas juste
que l'acquéreur soit privé de la chose et du prix, il
est bien moins équitable qu'un cessionnaire soit
forcé de restituer ce qui lui a été compté volontairement en échange de ce qu'il avait payé lui-même
auparavant, — que d'ailleurs *in pari causa, melior
est causa possidentis*. M. Héan n'admet pas qu'on
fasse au cessionnaire l'application des art. 1376 et
1377 du Code civil, par ces motifs que jusqu'à l'éviction le cessionnaire était légitimement créancier, que
l'art. 1377 supposant une cause d'erreur, prévoit
une hypothèse tout autre que celle dont il s'agit. —
Cette doctrine, prétendue justification d'un arrêt de
la Cour de Colmar, en date du 21 juillet 1812, a été
réfutée victorieusement par M. Mourlon. Cet auteur

lui a objecté avec raison que dans notre droit, il n'y avait pas à argumenter du droit romain ni même de notre ancienne législation ; qu'aujourd'hui, les créances étant directement aliénables, et la cession étant une vraie vente, le droit, son objet, se détachait de la personne du cédant pour se fixer sur celle du cessionnaire qui, dès lors, agissait en son propre nom comme si le droit exercé par lui-même était né en sa personne. Il n'y a pas à se préoccuper de ce que la qualité de vendeur étant indélébile à un certain point de vue (la cession d'une hérédité ne transmet que l'émolument de la succession, non le titre d'héritier, arg. d'analogie), le titre de cédant ne passe pas au cessionnaire, car ce titre que garde le cédant est dépourvu de toute valeur. — Quant au rejet des art. 1376 et 1377, il provient de la confusion de deux actions distinctes : la *condictio indebiti* qui est fondée sur l'erreur, et la *condictio sine causa* qui ne l'exige nullement. La *condictio sine causa* existe dans l'espèce précédemment indiquée : on peut affirmer qu'un cessionnaire d'un prix de vente, qui après éviction de l'immeuble vendu, se trouve détenteur de ce prix, l'a reçu sans cause et tombe sous le coup de la maxime : *nulla repetitio ab eo qui suum recepit.* — Plusieurs arrêts ont été rendus dans ce sens ; notamment la Cour de cassation a décidé que le cessionnaire étant le représentant du cédant à l'égard du débiteur cédé, celui-ci pouvait exercer contre lui toutes les actions susceptibles d'être dirigées contre le cédant, et que spécialement l'acquéreur d'un immeuble qui a payé son prix au cessionnaire du vendeur, pouvait, lorsqu'il venait à être évincé ou obligé de payer une seconde fois son prix à un créancier hypothécaire, réclamer contre le cessionnaire la restitution de ce que ce dernier avait reçu (arrêt du 5 février 1848). Cet arrêt intervenait à l'occasion d'un jugement dont les motifs allaient beaucoup trop loin, en ce sens qu'ils accordaient au débiteur d'un prix de vente évincé de l'objet vendu un recours en garantie contre le cessionnaire. Ceci est évidemment contraire aux principes : le cessionnaire substitué au cédant quant au prix de vente ne doit pas être atteint en ce qui concerne les frais et loyaux coûts du contrat et les dommages-intérêts (*Revue pratique* ,1862, XIV, p. 398 ; 1863, XV, p. 97 et 303 ; XVI, p. 18 et p. 65.)

L'acceptation a pour le cessionnaire cet avantage sur la signification qu'elle lie irrévocablement le débiteur envers lui. Il ne serait donc plus fondé dans la suite à invoquer des causes d'annulation, de résolution, d'extinction dont il eût pu se prévaloir antérieurement. Ainsi, lorsque la créance cédée est une créance naturelle, le débiteur qui peut postérieurement à une signification repousser l'action du créancier par une exception, perd ce droit à la suite de son acceptation, celle-ci équivalant à un nouvel engagement. De même, quand la créance efficace en apparence est au fond une créance illicite, comme une dette de jeu, le débiteur par son acceptation seule perd la faculté de se prévaloir du caractère illicite à l'encontre du cessionnaire, comme il pouvait le faire vis-à-vis du cédant : son acceptation le rend tout au moins complice d'une collusion qui a déterminé le cessionnaire à payer aussitôt son prix au cédant.

De même encore, au point de vue de la compensation, y a-t-il simple signification de la cession, le débiteur a le droit d'opposer au cessionnaire les causes antérieures de compensation; y a-t-il acceptation, ce droit n'existe plus, car l'acceptation implique reconnaissance de la dette, renonciation au bénéfice de la compensation. Le cessionnaire agira donc contre le débiteur comme si la compensation n'avait pas eu lieu, il intentera contre lui non pas une action nouvelle, non pas la *condictio indebiti*, mais l'action même dont le cédant était investi à l'origine. Marcadé s'est contredit à cet égard, car au lieu de conclure à l'exercice de l'action ancienne, après s'être exprimé dans notre sens, il a dit que la créance obtenue par le cessionnaire contre le cédé est une créance égale à l'ancienne, non l'ancienne créance elle-même qui est éteinte.

Nous ne soulèverons pas ici la question de savoir si les parties que la compensation a libérées de plein droit l'une envers l'autre peuvent effectivement y renoncer, et de cette manière rétablir leurs créances dans leur état originaire, car bien que ce droit de renonciation ne soit pas expressément formulé dans la loi, il nous a toujours paru entièrement conforme aux principes généraux (art. 6). D'ailleurs la tradition est constante à ce sujet : « Lors, dit Pothier, que

mon créancier a fait transport à quelqu'un de la
créance qu'il avait contre moi, je puis opposer au
cessionnaire la compensation de ce qui m'est dû par
le cédant; toutefois, si ayant connaissance de ma
créance, j'ai accepté purement et simplement le transport, je suis censé avoir, par mon acceptation, *renoncé à la compensation*, et je ne pourrai l'opposer
à mon cessionnaire, sauf à exercer ma créance contre le cédant. » Et M. Bigot-Préameneu : « Si, dit-il,
le transport a été accepté purement et simplement,
le cédant est dès lors censé avoir *renoncé* en faveur
du cessionnaire à la compensation qu'il aurait pu,
avant son acceptation, opposer au cédant. » Ce passage tiré des travaux préparatoires (Fenet, t. XIII,
n° 366) explique fort bien le sens de ces mots : *ne
peut plus opposer au cessionnaire*, dont se sont servis
les rédacteurs de l'art. 1295. Voici en quels termes
cet article est conçu : « Le débiteur qui a accepté
purement et simplement la cession qu'un créancier a
faite de ses droits à un tiers, *ne peut plus opposer
au cessionnaire* la compensation qu'il eût pu, avant
l'acceptation, opposer au cédant. A l'égard de la cession qui n'a point été acceptée par le débiteur, mais
qui lui a été signifiée, elle n'empêche que la compensation des créances postérieures à cette notification.»
A cette disposition il faut joindre l'article 1299 qui
se rattache au même principe : « Celui qui a payé
une dette qui était, de droit, éteinte par la compensation, ne peut plus, en exerçant la créance dont il
n'a point opposé la compensation, se prévaloir, au

préjudice des tiers, des priviléges ou hypothèques qui y étaient attachés, à moins qu'il n'ait eu une juste cause d'ignorer la créance qui devait compenser la dette. » Ce qui veut dire, dans l'espèce, que l'acceptation de la cession par le débiteur cédé malgré la compensation qui l'avait libéré de plein droit vis-à-vis du cédant, ne révoque pas cette compensation à l'encontre des tiers pour qui elle constitue, dès sa naissance, un véritable droit acquis.

Mais, cette théorie de la renonciation ou de l'acceptation est-elle applicable même au cas où le cédé ignorait au moment de son acceptation la compensation libérative de la dette? oui, les auteurs l'affirment presqu'à l'unanimité, et le Tribunat lui-même l'affirmait avant eux, quand il déclarait que « par le fait même de son acceptation, le débiteur cédé est censé renoncer *à toute espèce de compensation* de ce que le cédant pouvait déjà lui devoir, comme de ce qu'il lui devra par la suite. » Le motif qui a réuni tous les juristes dans une commune opinion, se résume en ces mots : l'erreur d'autrui ne peut et ne doit ni nous *profiter*, ni nous *nuire*. Or, on comprend sans peine, que le cessionnaire à qui l'acceptation pure et simple de la cession a pu et dû faire croire à l'existence réelle de la créance cédée, verrait ses droits injustement lésés, par l'éviction que lui ferait subir l'erreur du débiteur. Quant à celui-ci, il ne peut s'en prendre qu'à lui-même, s'il souffre de son erreur, car il lui était facile de faire lors de son acceptation des réserves à tout événement.

On ne saurait objecter à cette doctrine l'art. 1299 *in fine*, car dans l'hypothèse prévue par cet article, il manque précisément cet engagement d'où dérive un droit acquis pour le cessionnaire. On ne saurait opposer le texte précité de Pothier consacrant une tout autre manière de voir, car il suffit de le rapprocher de la déclaration du Tribunat pour se convaincre qu'il a été écarté par les membres de ce corps et par le législateur qui a consacré le projet du Tribunat. Au surplus, l'affirmative se prévaut de la position du délégué qui reste obligé envers le délégataire, quoiqu'il n'ait consenti à la délégation que dans le but d'obtenir du déléguant la décharge d'une dette dont il supposait l'existence par erreur. (*Contra*, M. Mourlon, *Revue pratique*, 1864, 2).

Toutefois, nous devons faire remarquer que cette théorie, suivant nous du moins, est spéciale à la compensation, et ne saurait être étendue aux causes de nullité, de rescision ou de résolution dont le cédé ignorait l'existence au moment de son acceptation. Nous croyons qu'il faut leur appliquer le droit commun dont l'expression se trouve dans l'art. 1338 du Code civil : « L'acte de confirmation ou de ratification d'une obligation contre laquelle la loi admet l'action en nullité ou en rescision, n'est valable que lorsqu'on y trouve la substance de cette obligation, la mention du motif de l'action en rescision et l'intention de réparer le vice sur lequel cette action est fondée. — A défaut d'acte de confirmation ou de ratification, il suffit que l'obligation soit exécutée

volontairement après l'époque à laquelle l'obligation pouvait être valablement confirmée ou rati-
fiée......» On voit, par ce texte, que la loi exige une
ratification expresse faite en connaissance du vice
inhérent à l'obligation.

L'importance de la saisine à l'égard du cessionnaire n'échappe à personne. Tant que le transport
n'a pas été signifié ou accepté, le cessionnaire est
incapable d'actionner le débiteur et celui-ci peut se
libérer vis-à-vis du cédant, de ses ayants-cause et
de ses créanciers soi. par un payement effectué entre
les mains du cédant, soit au moyen d'une convention emportant novation conclue avec celui-ci. Le
défaut de signification ou d'acceptation n'enlève pas
au cessionnaire la faculté de prendre des mesures
conservatoires, par exemple : d'interrompre une
prescription, d'opérer une mise en demeure, de re-
nouveler l'inscription d'une hypothèque, de faire
un commandement. Empêche-t-il l'interposition de
saisies-arrêts entre les mains des débiteurs du cédé?
Nous le pensons. En effet, la saisie-arrêt est une opération mixte. Acte conservatoire par rapport aux
créanciers, il est vis-à-vis du saisi un acte domma-
geable. Empêche-t-il la formation d'une surenchère?
oui, car la surenchère, bien qu'elle soit pour le
créancier hypothécaire un moyen de conserver l'intégrité de son gage, est préjudiciable à l'adjudicataire.

Le défaut de signification ou d'acceptation autorise de la part du cédant des actes plus étendus.

Non-seulement le cédant a le droit de prendre des mesures conservatoires, mais il a celui d'agir en vue du payement. Si son titre est exécutoire, il peut saisir les biens du débiteur, s'il ne l'est pas, il peut actionner devant la justice, et c'est en vain que le cédé opposerait un défaut de qualité. Toutefois, les règles de la prudence conseillent dans ce cas la mise en cause du cessionnaire. Quoi qu'il en soit, le jugement favorable ou non qu'obtient le cédant plaidant avec le débiteur est opposable au cessionnaire, et ce dernier n'aura aucune voie de recours contre le cédé. Il n'est dans le cas d'user ni de l'appel, ni de la requête civile. Quant à la tierce-opposition on pourrait croire qu'elle est à son usage, vu qu'elle appartient aux tiers auxquels préjudicie tout jugement obtenu *inter partes*. Mais, si le préjudice existe, la qualité de tiers intéressé ne peut être invoquée par le cessionnaire qui ne saurait se prévaloir de la cession à l'égard du débiteur.

En général, la signification ou l'acceptation suffit pour rendre la cession-transport opposable aux tiers, que la cession soit simple, à terme, conditionnelle, à titre onéreux ou à titre gratuit. Particulièrement, la loi du 5 juillet 1844, art. 20, déclare que le cessionnaire d'un brevet d'invention n'en est saisi au regard des tiers que du jour où l'acte de cession a été enregistré au secrétariat de la préfecture du département où il a été passé. En outre, la loi du 23 mars 1855 exige que les actes ou jugements contenant cession de trois années de loyers ou fermages non échus soient transcrits pour être opposables aux tiers qui ont acquis et régulièrement conservé des droits sur les immeubles loués. La loi de 1855 contient cette autre disposition : dans le cas où les femmes peuvent céder leur hypothèque légale ou y renoncer, cette cession ou cette renonciation doit être faite par acte authentique et les cessionnaires n'en sont saisis à l'égard des tiers que par l'inscription de cette hypothèque prise à leur profit, ou par la mention de la subrogation en marge de l'inscription préexistante. Les dates des inscriptions ou mentions déterminent l'ordre dans lequel ceux qui ont obtenu des cessions ou renonciations exercent les droits hypothécaires de la femme (art. 9).

A l'inverse, il y a des créances dont la cession n'est même pas assujettie aux formalités de l'article 1690, ainsi les lettres de change, les billets à ordre, les polices d'assurances; les rentes sur l'État qui se transmettent par une inscription sur les registres du Trésor, les actions de la Banque, les actions dans les grandes sociétés de commerce ou d'industrie qui sont cessibles au moyen d'un simple transfert, enfin les titres au porteur dont la propriété se transmet par simple tradition.

La signification ou l'acceptation emporte, avons-nous dit, saisine indépendamment de toute délivrance de titre et malgré la mise en possession de titre d'un cessionnaire antérieur, l'art. 1141 relatif aux ventes de choses corporelles n'étant pas susceptible d'être ici appliqué. Cet effet considérable de la

signification ou de l'acceptation du transport indique assez combien il importe de bien fixer la date
où s'accomplissent ces formalités. Comment éta-
blira-t-on cette date lorsque deux cessions auront
été signifiées successivement à l'occasion de la même
créance? Pas de difficulté, quand les significations
n'ont pas été faites le même jour. Ont-elles été faites
le même jour, et l'acte ne mentionne-t-il pas l'heure
des significations, les deux cessionnaires viendront
en concurrence, l'acte mentionne-t-il l'heure, cette
circonstance suffit pour donner la préférence au plus
diligent. Nous n'admettons pas dans l'espèce l'application de l'art. 2147 qu'une idée de défiance contre
le conservateur des hypothèques a fait édicter. —
La priorité ne pourrait pas être établie au moyen de
la preuve testimoniale.

Lorsqu'on veut savoir si le payement fait par un
débiteur a précédé ou a suivi la signification, on
compare la date de la quittance avec celle de la signification. Cette quittance doit-elle avoir date certaine
pour valoir contre le cessionnaire? Malgré l'art. 1328
et bien que le cessionnaire soit un véritable tiers
quant au payement, on décide généralement dans le
sens de la négative, car d'ordinaire les quittances
ne sont pas soumises aux formalités longues et dis-
pendieuses de l'enregistrement. Rien n'oblige le
débiteur à produire immédiatement les quittances
sous signature privée non enregistrées, sous peine
de les voir rejeter. Le débiteur qui a des quittances
sincères peut être empêché de les produire de suite;

il peut aussi, il est vrai, abuser d'un délai en s'en servant pour antidater ses quittances, mais le tribunal a un pouvoir discrétionnaire à l'effet d'apprécier la situation.

Nous en avons fini, pour ainsi dire, avec le commentaire de l'art. 1690. Il ne nous reste plus qu'à examiner les effets de la saisie-arrêt pratiquée sur la créance cédée.

Il importe de remarquer au début de cet examen que la priorité de la saisie-arrêt ne constitue pas dans notre droit entre saisissants une cause de préférence, ainsi que cela avait lieu dans notre ancienne législation. « Le créancier, disait-on autrefois, qui fait premier arrêter et saisir valablement ou prendre par exécution aucuns meubles appartenant à son débiteur doit être le premier payé. » Ce privilége n'a pas été reproduit par les rédacteurs du Code civil et comme les priviléges sont de droit étroit, il est hors de doute qu'il a été aboli. — La saisie, contrairement encore à l'ancien droit, ne frappe la créance d'indisponibilité que jusqu'à concurrence des causes de la saisie. Cette doctrine qui a l'avantage de laisser dans le commerce des sommes considérables, est fondée sur l'art. 559 du Code de procédure qui en exigeant que tout exploit de saisie énonce la somme pour laquelle elle est faite montre bien que le créancier par ses poursuites ne conserve strictement que ses droits; sur les art. 1242 et 1298 du Code civil qui prohibant le payement ou la compensation dans l'intérêt du saisissant, n'entourent pas de cette faveur les opposants postérieurs, enfin sur l'art. 4 du décret du 18 août 1807 visant en ce sens les saisies-arrêts opérées entre les mains des dépositaires publics.

Il faut se garder de placer sur la même ligne le cessionnaire et les saisissants antérieurs ou postérieurs à la signification ou à l'acceptation du transport. A l'égard du saisissant antérieur, la signification ou l'acceptation de la cession équivaut elle-même à une saisie et permet au cessionnaire de concourir au marc le franc avec le saisissant antérieur. Le jugement validant la saisie a-t-il précédé la signification ou l'acceptation, le saisissant écarte le cessionnaire jusqu'à concurrence de ce qui lui revient, l'a-t-il suivi, le cessionnaire, étranger à la créance par rapport au saisissant, est bien créancier du cédant et habile à saisir la créance de son débiteur. Il viendra au marc le franc avec le saisissant sur le montant de la créance, car sa signification vaut seconde saisie-arrêt ou opposition dans toute l'étendue de la première. A l'égard du saisissant postérieur à la signification ou à l'acceptation, le transport vaut non plus comme saisie ou opposition, mais comme cession, ce qui autorise le cessionnaire à écarter ce saisissant.

Ceci établi, on peut se demander quels sont les droits respectifs du cessionnaire et des saisissants, lorsqu'une première saisie-arrêt est faite dans l'intervalle de la cession à la signification ou à l'acceptation, et qu'ensuite le cessionnaire ayant signifié ou

fait accepter son droit, il survient une nouvelle saisie-arrêt.

Les auteurs sont loin d'être d'accord sur la solution à donner à cette question.

D'après un premier système la signification ou
l'acceptation ne vaut que comme opposition tant
à l'égard du saisissant antérieur à la signification ou
à l'acceptation du transport, qu'à l'égard des saisissants postérieurs, et en conséquence les saisissants
et le cessionnaire viennent au marc le franc sur
le montant de-la créance saisie. (Anciens arrêts de
1814 et 1820.)

Un deuxième système prétend que le saisissant
postérieur se trouve sans droit à l'encontre et des
saisissants antérieurs et du cessionnaire, par cette
raison que ce saisissant postérieur ayant trouvé,
lors de sa présentation, son débiteur dépouillé de
la propriété de la créance, sa saisie arrête inutilement une chose déjà sortie du patrimoine de son
débiteur. Dès lors, il écarte complétement les saisissants postérieurs à la signification du transport, et
leur refuse de concourir même avec le premier saisissant. (Duvergier, t. II, n° 202).

Un troisième système décide que le créancier qui
saisit avant l'attribution de la somme saisie au
créancier saisissant antérieur, a le droit de concourir avec celui-ci, que ce créancier antérieur, la cession valant contre lui non pas comme cession, mais
seulement comme équivalent d'une saisie faisant
concourir le cessionnaire au marc le franc, peut se

faire indemniser par ce cessionnaire du préjudice que la saisie postérieure lui fait éprouver. Les arrêts 1832, 1835, 1837, 1839 qui exposent ce système, accordent alors au premier saisissant son recours contre le cessionnaire pour la totalité de la somme.

Suivant un quatrième et dernier système, les saisies-arrêts survenant après la signification ou l'acceptation du transport d'une créance déjà frappée d'opposition, ne donnent aux nouveaux saisissants aucun droit sur le dividende dû au cessionnaire dans la répartition à faire entre lui et le premier saisissant. Leur recours ne comprendra que la bonification de la différence en moins entre la somme touchée par ce premier saisissant par suite de ce partage, et celle qu'il eût obtenue si la répartition de la créance avait été faite proportionnellement entre lui, les opposants postérieurs et le cessionnaire. Donc, en supposant qu'une créance de 3,000 francs cédée à Secundus ait été frappée de saisie-arrêt par Primus pour la valeur de 1,500 francs avant toute acceptation ou notification du transport, et que postérieurement à l'accomplissement de l'une ou de l'autre de ces conditions, Tertius ait pratiqué une nouvelle saisie-arrêt pour pareille somme de 1,500 francs, on fera provisoirement abstraction de cette seconde saisie et on partagera la créance de 3,000 francs entre le premier saisissant et le cessionnaire au prorata du montant respectif de leurs droits; de sorte que Secundus recevra 2,000 francs et Primus

1,000 francs. Les 1,000 francs avenant à Primus d'après ce premier partage, devant être répartis à nouveau entre lui et Tertius, il se trouvera réduit à 500 francs, tandis qu'il en aurait obtenu 750, si la totalité de la créance de 3,000 francs avait été distribuée entre les trois intéressés. Primus éprouve donc une perte de 250 francs et c'est cette somme que Secundus doit lui bonifier. (Aubry et Rau.)

Ce dernier système concilie à peu près les principes, puisque dans notre exemple le concours de Tertius ne cause qu'un préjudice de 250 francs à Secundus qui, d'après l'art. 1690 ne devrait nullement se ressentir de la saisie postérieure à la signification. Le premier et le second système doivent être rejetés, car l'un et l'autre méconnaissent les principes. L'un viole les règles selon lesquelles les poursuites d'un créancier ne conservent que les droits de ce créancier, la créance saisie n'est pas nécessairement indisponible, le cessionnaire devient propriétaire à l'égard des tiers par la signification et l'acceptation du transport. L'autre fait revivre en faveur du premier saisissant un droit de préférence incompatible avec la disposition de l'art. 2093 ; en outre il est contraire au brocard : « Main de justice ne dessaisit et ne saisit personne. » Quant au troisième système, il expose les vrais principes, mais il en exagère la portée.

Nous avons jusqu'à présent supposé une cession totale ; comment se réglera l'ordre entre saisissant, cédant et cessionnaire, lorsque la cession est partielle? Le caractère plus ou moins étendu de la cession ne modifie pas évidemments, les principes touchant la situation du saisissant; la question ne saurait donc présenter de particularités qu'à l'égard du cédant et du cessionnaire. Soit donc l'hypothèse d'un immeuble vendu à Primus par Secundus pour la somme de 100,000 francs et vendu 80,000 francs par adjudication après saisie faite sur l'acquéreur, et cession de la moitié de sa créance de 100,000 francs faite par Secundus à Tertius. Qui supportera la perte de 20,000 francs? Sera-ce le cessionnaire Tertius? sera-ce le cédant Secundus resté créancier de 50,000 francs? Faut-il dire que le cédant et le cessionnaire supporteront la perte tous deux proportionnellement?

La question se résout par une distinction. Le cédant a-t-il étendu la garantie légale, en promettant par exemple de fournir et de faire valoir, comme, dans ce cas, la promesse de garantie faite au cessionnaire implique de la part du cédant une cession d'antériorité en faveur de la portion de la créance cédée, il est rationnel de dire que le cessionnaire primera le cédant dans l'ordre ouvert sur le prix et que, dans l'espèce proposée, il prendra 50,000 francs, les 30,000 francs restant étant seuls touchés par le cédant. Ainsi l'a décidé la Cour de Paris, qui assimila au cédant son successeur universel et même son successeur particulier. (Arrêt du 17 avril 1834.)

La cession a-t-elle été pure et simple, n'a-t-elle

pas été accompagnée d'une clause extensive de la garantie ordinaire, dans ce cas, nous ne croyons pas la solution précédente applicable, et nous estimons qu'il serait contraire à la vérité des choses et au désir de la loi de placer le cédant et le cessionnaire sur un pied différent, autrement dit, de ne pas les payer par concurrence sur le prix de l'immeuble vendu.

Un éminent jurisconsulte, Troplong, pense au contraire que le cédant et le cessionnaire ne doivent pas être mis sur la même ligne : « On objectera peut-être que dans la cession faite purement et simplement, le cédant n'est tenu que de la garantie de droit, c'est-à-dire de l'existence de la créance, et nullement de l'insolvabilité (art. 1693); que dès lors ne devant pas garantir au cessionnaire qu'il sera payé de la totalité de son dû, il n'y a pas de raison pour que ce dernier lui soit préféré. — Mais je répondrai qu'il serait tout à fait contraire à la bonne foi que le vendeur de la portion de la créance cédée, après en avoir touché le prix, vînt, par son propre fait, empêcher son cessionnaire de recouvrer la somme déboursée. » Ainsi qu'on le voit par cet extrait, ce jurisconsulte fait valoir uniquement des considérations de fait en faveur de son système. Il se garde de parler des principes, car il sait fort bien que les principes de droit sont contre lui. En effet, nous avons dit plus haut que si, au lieu de céder sa créance entière, le créancier n'en cède qu'une partie, il garde vis-à-vis du cessionnaire exactement la

même position que s'il avait cédé sa créance en totalité ; or, lorsqu'une créance entière a été vendue, et
qu'aucune garantie de fait n'a accompagné la vente,
le cédant n'est tenu qu'à garantir l'existence de la
créance au moment du transport, — Mais les objections de Troplong sont-elles sérieuses? Est-il exact
de dire qu'il serait *contraire à la bonne foi* que le
vendeur de le portion de la créance cédée, après
avoir touché le prix, vînt, *par son fait* empêcher
son cessionnaire de recouvrer la somme déboursée?
Non, assurément. La *bonne foi* ne serait pas contes-
table, si la cession avait été complète, pourquoi le
serait-elle, en cas de cession partielle? Le *fait* du
cédant ne serait pas dénoncé dans le premier cas,
pourquoi le serait-il dans le second? Est-ce la faute
du cédant si le cessionnaire voit sa part diminuée
par suite du concours du cédant établi par des textes
formels (art. 1693, 1694)? Que ne fit-il écarter ce concours, en modifiant la garantie légale? (P. Pont,
Revue critique, VIII.)

§ 5. *En quoi la cession diffère-t-elle du payement*
avec subrogation.

La subrogation (*sub-rogare*) exprime l'idée du
remplacement d'une chose par une autre, ou bien
celle de la substitution d'une personne à une autre.
De là, deux sortes de subrogation : la réelle et la personnelle. C'est cette dernière qu'il s'agit de rappro-

cher de la cession. Nous la définissons : la transmission des droits et actions d'un ancien créancier à un nouveau. On sait que l'effet général et absolu du payement fait soit par le débiteur lui-même, soit par un tiers lèse simultanément quatre intérêts : 1° l'intérêt du créancier auquel les tiers hésitent à offrir son payement ; 2° l'intérêt du débiteur qui ne trouve pas de cautions, ni de tiers payant pour lui avec un entier désintéressement ; 3° l'intérêt même du tiers qui aurait acquitté la dette d'autrui, car son recours étant dépouillé de toute garantie risque d'être inefficace ; 4° le crédit public dont l'état subit l'influence des intérêts individuels. Le législateur avait en son pouvoir deux moyens propres à parer à ces inconvénients : le premier était de déclarer qu'il y aurait transfert de l'ancienne créance sur la tête du tiers qui l'aurait acquitté, qu'il y aurait cession de créance en faveur du tiers ; le second était de ne pas déroger à l'effet extinctif du payement et de maintenir les accessoires de la créance éteinte en faveur de celle que fait naître la gestion d'affaires du tiers qui a payé. Quel est donc le moyen dont le législateur s'est servi ?

On ne trouve pas moins de cinq systèmes sur cette importante question.

Un premier système suivi par la régie de l'enregistrement, fait de la subrogation conventionnelle un transport-cession et de la subrogation légale un payement, avec réserve fictive des garanties accessoires de la créance.

Un deuxième système assimile la subrogation à une cession, lorsqu'elle dérive d'une convention passée entre le créancier et le tiers qui paye la dette, et à un payement lorsqu'elle est consentie par le débiteur et procède de la seule force de la loi. Ici, créance et accessoires, tout est éteint ; seulement le débiteur ou la loi consent au tiers des droits aussi étendus que ceux dont jouissait le premier créancier.

Nous n'admettons pas ces deux opinions qui, bien que fondées sur des considérations historiques, introduisent dans les différents cas de subrogation une distinction purement arbitraire.

D'après un troisième système, la subrogation est une véritable cession-transport, une transmission des droits du créancier à une tierce personne qui paie. « C'est, dit M. Rogron, un changement de créancier qui a lieu, sans que la dette soit éteinte. La subrogation a-t-elle lieu par la convention avec le créancier, le caractère de cession-transport de la créance apparaît alors dans tout son jour, la subrogation n'a-t-elle lieu au contraire qu'en vertu soit de la convention avec le débiteur, soit de la loi, la cession a lieu en vertu d'une véritable fiction de la loi. » A l'appui de cette opinion, on invoque le droit romain (la loi 36, au Digeste, *De fidejussoribus*), Dumoulin, Renusson, Pothier. Ce dernier définissait la subrogation : « une fiction de droit par laquelle le créancier est censé céder ses droits, actions, hypothèques et priviléges à celui de qui il reçoit son dû, et peu importe la nature de la subrogation.... Celui qui est subrogé n'acquiert pas seulement les mêmes hypothèques qu'avait l'ancien créancier, mais sa créance elle-même. » On invoque, en outre, les travaux préparatoires du Code : « Si celui qui paye, dit Bigot-Préameneu, se fait subroger, il n'y a plus payement, mais transport de la créance. Et Jaubert : « Si le créancier reçoit son payement d'un tiers, il peut transporter tous ses droits à ce tiers avec les priviléges attachés à ces mêmes droits, même la contrainte par corps, si la créance en était susceptible. » De même encore, le tribun Mouricault : « Le payement pur et simple seul peut éteindre la dette; le payement avec subrogation la laisse subsister. » A ces arguments historiques, on joint des arguments de texte : on invoque particulièrement l'art. 874 du Code civil, d'après lequel le légataire particulier qui a acquitté la dette dont l'immeuble légué était grevé, demeure subrogé *aux droits* du créancier contre les héritiers et successeurs à titre universel; l'art. 1250, d'après lequel la subrogation a lieu dans les *droits, actions,* hypothèques ou priviléges de l'ancien créancier, enfin l'art. 2029, suivant lequel la caution qui a payé est subrogée à *tous les droits* qu'avait le créancier contre le débiteur. On ajoute qu'il est contraire aux principes du droit de faire survivre des garanties accessoires à la créance, obligation principale : *res accessoria sequitur sortem rei principalis.* L'hypothèque n'est-elle pas éteinte par l'extinction de l'obligation principale? (Art. 2180-1°.)

Ces arguments ne manquent pas de gravité; mais

que démontrent-ils? Prouvent-ils que le payement avec subrogation est une cession, qu'il est translatif de la créance? Mais, les règles de la subrogation sont insérées parmi les modes d'extinction des obligations. Le législateur était-il capable de confondre deux choses si opposées, la mort et la vie, l'extinction et la translation! D'ailleurs, en supposant que la subrogation soit un véritable transport-cession, comment expliquera-t-on l'art. 1252, aux termes duquel, « la subrogation ne peut nuire au créancier lorsqu'il n'a été payé qu'en partie. En ce cas, il peut exercer ses droits pour ce qui lui reste dû, par préférence à celui dont il n'a reçu qu'un payement partiel. » N'est-il pas évident qu'au contraire le créancier qui a vendu une partie de sa créance, en devrait garantie au subrogé, que les droits cédés seraient les mêmes que les droits conservés et que par conséquent entre les deux portions de créances aucune cause de préférence ne saurait être alléguée?

D'après un quatrième système, le payement avec subrogation est une opération mixte, participant à la fois du payement et de la cession-transport. Il y a payement par rapport au créancier, cession vis-à-vis du débiteur. En donnant ce double caractère à la subrogation, les partisans de ce système ont pour but d'échapper aux objections soulevées par le système précédent. Ils expliquent en effet, la place que le payement avec subrogation occupe dans le Code civil et ils rendent possible l'explication de l'art. 1252.

Mais, qui acceptera le caractère bizarre qu'ils assignent à la subrogation? Qui comprendra cet acte tout à la fois extinctif de la créance et translatif de cette même créance?

Enfin, d'après un cinquième système, le payement avec subrogation est une opération *sui generis* distincte de la cession-transport. Il éteint comme tout payement la dette primitive, mais en vertu d'une fiction légale, les garanties accessoires sont jointes à la créance nouvelle acquise par le tiers qui a acquitté l'ancienne.

Voici trois arguments décisifs qui nous mènent à l'adoption de ce système. 1° La place qu'occupe dans le Code civil la théorie de la subrogation, sa rubrique (payement *avec subrogation*) montrent assez que la subrogation éteint la créance. Voir dans ce payement avec subrogation l'apparence d'un transport, c'est établir entre l'idée et l'expression une contradiction inadmissible. 2° En assimilant au transport de créance le payement avec subrogation, en reconnaît-on le but et le caractère? Comment, la loi eût mis sur la même ligne l'individu qui achète des créances, qui spécule peut-être indignement, et celui qui rend un service à un débiteur, tout en s'assurant le recouvrement de ses avances! Et cela, quand d'une part elle voit de mauvais œil l'achat des créances, et quand d'autre part elle cherche à encourager les tiers qui payent pour autrui! Non, ceci n'est pas possible. 3° Notre système et l'art. 1252 relatif au payement partiel de la créance ne sont pas inconciliables : le payement avec subrogation étant extinctif de l'ancienne créance, il en résulte l'extinction de la portion de la dette acquittée par le subrogé ; le créancier conserve au contraire, ses droits et actions qui ne sauraient évidemment céder le pas au droit de recours né d'une gestion d'affaires au profit du tiers, ni aux garanties de l'ancienne créance qui s'ajoutent à ce recours.

Malgré la force manifeste de ces arguments, le système que nous adoptons a été vivement combattu. On lui a objecté : 1° l'art. 1250, aux termes duquel le subrogé est investi de *tous les droits* du créancier. Il faut, a-t-on dit, comprendre dans ces droits la créance elle-même. 2° L'axiome *accessorium sequitur sortem rei principalis*. La dette étant éteinte, les garanties accessoires périssent avec elle. 3° La tradition ancienne d'après laquelle la subrogation constituait dans le droit romain et dans notre ancien droit une cession-transport. 4° Les travaux préparatoires du Code civil, où l'on trouve, en effet, certains textes conçus dans le sens que nous croyons devoir rejeter.

Voici comment nous répondons à ces objections : la première objection est fondée sur une interprétation de mots, mais celle-ci est-elle bien fidèle ? Est-il vrai que la créance est comprise dans *tous ces droits* dont parle l'art. 1250. On nous le dit, mais que nous répondra-t-on si nous soutenons que la généralité des termes de l'art. 1250-1° se réfère aux accessoires de la créance, dans ce sens que tous subissent la même loi : privilèges, hypothèques, comme contrainte par corps, solidarité de l'action commerciale, etc. L'édit de 1609 n'allait pas plus loin, et il a servi de modèle à la rédaction de l'article 1250. Il disait que « ceux qui fourniraient leurs deniers aux débiteurs de rentes constituées au denier douze avec stipulation expresse de pouvoir succéder aux hypothèques des créanciers qui seraient acquittés de leurs deniers, seraient et demeureraient obligés de droit aux droits, hypothèques, noms et raisons des anciens créanciers, sans autre cession-transport. »

En second lieu, l'objection tirée du principe *accessorium sequitur sortem rei principalis* ne saurait porter, puisqu'une fiction de la loi a précisément pour but de modifier le principe. La loi suppose l'intervention d'un pacte entre le subrogé et le créancier maintenant les garanties accessoires en retour du payement.

Quant à la tradition ancienne, elle nous touche fort peu, car les travaux préparatoires n'y font aucune allusion au point de vue qui nous occupe. D'ailleurs, parmi les jurisconsultes romains comme parmi nos anciens légistes, il y eut des divergences d'opinions qui ne permettent pas de dire *a priori* que la subrogation formait autrefois une cession-transport. Bien plus, des arrêts de Parlements distinguèrent profondément la cession-transport du paiement avec subrogation, dans le sens que nous indiquons.

Enfin, nous n'admettons pas davantage l'autorité

des travaux préparatoires, à cause des contradictions nombreuses qu'ils présentent à l'endroit de la nature de la subrogation. Nous ne pouvons néanmoins résister au désir d'en citer un extrait tout favorable à notre doctrine. Le voici : « Le payement avec subrogation est une convention qui diffère du contrat de transport de la créance : le transport est une aliénation qui, de droit, emporte la garantie à laquelle le créancier reste obligé. Par le payement avec subrogation, toute aliénation est éteinte vis-à-vis du créancier, et conséquemment, il n'en contracte aucune à l'égard du subrogé. »

De toute cette discussion, il résulte donc que la cession-transport et la subrogation sont deux actes différents par leur nature. De là, des conséquences nombreuses qu'il importe de connaître, car elles constituent autant de différences entre la subrogation et la cession.

Première différence. — Le subrogé qui reçoit du créancier originaire une quittance intégrale, moyennant une somme inférieure au chiffre de la dette, ne peut pas forcer le débiteur à lui rien payer au delà de ses déboursés.

Deuxième différence. — Le payement avec subrogation, mode extinctif d'obligation, n'est pas soumis au formalités de l'art. 1690 ; il est opposable aux tiers de bonne foi dès que la quittance qui le constate a reçu date certaine.

Troisième différence. — Le créancier n'est pas tenu de la garantie vis-à-vis du tiers subrogé, puisqu'il reçoit son dû. Le subrogé ne pourrait user de l'action en répétition de l'indû, dans le cas où la dette payée n'aurait pas existé.

Quatrième différence. — Le tiers subrogé ne peut réclamer au delà de cinq ou six pour cent, taux fixés par la loi du 3 septembre 1807, les intérêts stipulés par le créancier primitif antérieurement à cette loi.

Cinquième différence. — En cas de payement partiel, le subrogé prime le subrogeant pour ce qui reste dû de la créance.

Sixième différence. — Le tuteur peut très-bien payer une dette de son pupille, avec subrogation dans les droits du créancier.

Septième différence. — Le droit à percevoir par la régie de l'enregistrement pour le payement avec subrogation est un droit proportionnel de quittance d'un demi pour cent, tandis que le droit perçu en matière de cession-transport, est de un pour cent, ainsi que nous l'avons constaté plus haut. Toutefois, la régie de l'enregistrement a coutume de percevoir le droit de transport dans les cas de subrogation conventionnelle, et le droit de quittance dans le cas de subrogation légale.

Huitième différence. — La subrogation est conventionnelle ou légale, la cession est toujours conventionnelle.

Neuvième et dernière différence. — La créance du subrogé ne se prescrit pas par ce qui restait à courir, lors du payement, du délai de l'ancienne prescription commencée contre le premier créancier, elle se prescrit par trente ans à partir du payement. Il résulte de là que, par l'effet de la subrogation, le débiteur perd le bénéfice d'une prescription moins longue ou d'une prescription d'égale durée qui est sur le point de s'accomplir. Mais ce bénéfice immoral en soi peut être négligé sans scrupule. (Comp. Touillier, *Cours de droit civil français*, t. IV, n° 97, 118 et suivants — Duranton, t. XII, n°s 117 et suivants — Aubry et Rau, t. III, § 321; — Accolas, *Manuel de droit civil*, t. II, p. 881 à 884; — De Folleville, *Cours d'exposition générale*, art. 1249 à 1252.)

La cession-transport ne doit pas être confondue avec la novation par changement de créancier, la distraction des dépens, la *datio in solutum* et l'assignation. Nous allons terminer la première partie de notre étude sur la cession en indiquant brièvement les différences qui existent entre elle et ces autres faits juridiques.

Novation par changement de créancier. — Elle diffère de la cession en ce qu'elle est un mode essentiellement extinctif de l'obligation, qu'elle nécessite l'acceptation du débiteur (art. 1273), qu'elle éteint les accessoires de la créance, cautionnement, privilège, hypothèques, etc., sauf clause contraire expressément formulée et adhésion de la caution (articles 1278 et 1281-3°), qu'elle n'exige pas les formalités de l'art. 1690, le débiteur ayant consenti *ab initio*, qu'elle n'oblige le premier créancier à aucune garantie, qu'enfin elle fait courir une nouvelle prescription au profit du nouveau créancier. La délégation parfaite, c'est-à-dire celle qui, emportant à la fois novation par changement de débiteur et novation par changement de créancier, décharge expressément le déléguant, exige également le consentement du débiteur délégué, mais loin d'exempter le déléguant de toute garantie, elle le rend responsable de la solvabilité actuelle du délégué (art. 1276).

Distraction des dépens. — La distraction des dépens donnée par l'art. 133 du Code de procédure à l'avoué, dont la partie gagne son procès n'est pas une cession proprement dite, c'est une attribution judiciaire, un transport forcé, indépendant de tout consentement fourni soit par la partie gagnante, soit par la partie perdante. Dès lors, il est clair qu'elle n'est pas astreinte aux formalités de l'article 1690 du Code civil. La distraction des dépens ne modifie en rien l'obligation de la partie gagnante qui, actionnée par l'avoué avant la partie perdante, lui opposerait en vain le bénéfice de discussion. D'un autre côté, elle fait passer sur la tête de l'avoué la créance de la partie gagnante de telle façon que la créance est censée n'avoir jamais appartenu à cette dernière. En d'autres termes, la distraction est plutôt attributive que translative, en sorte que si la partie perdante se trouve être elle-même créancière de la partie gagnante, aucune compensation ne s'effectue au détriment de l'avoué.

Datio in solutum. — La *datio in solutum* a la plus grande affinité avec la cession ou en général avec la

vente : *dare in solutum* est *vendere* (C. 4, *Dé evict.*).
Cependant, elle en diffère à certains points de vue.
Ainsi, lorsque la chose donnée en payement n'a
qu'une existence apparente, ce qui constitue un cas
d'éviction, l'*accipiens* use de l'action primitive au
lieu d'employer l'action en garantie ; lorsque la *datio
in solutum* est nulle faute de cause, le *tradens* reven-
dique la chose livrée au lieu d'agir par une action
personnelle en répétition de l'indû. Enfin le pacte
obscur qui est interprété contre le cédant, en matière de cession, s'interprète ici en faveur du *tradens*,
c'est-à-dire du débiteur.

Assignation. La cession ne saurait enfin être confondue avec l'assignation. Celle-ci n'est autre chose
que la constitution d'un mandataire autorisé par le
créancier à percevoir le payement de son débiteur.
L'assignataire ne poursuit pas ce payement en justice,
il n'encourt pas les risques de la solvabilité du débiteur. A la différence du cédant qui a cédé sa créance
en payement à un de ses créanciers sans étendre la
garantie de droit, le débiteur qui a constitué un assignataire peut être actionné par celui-ci jusqu'à ce
que le payement ait été effectué entre ses mains, et
cela, indépendamment de toute convention à cet
égard.

II. *Créances commerciales.*

Les effets de commerce se transmettent en principe de la même manière que les effets non commer-

ciaux. Mais, il y a des modes spéciaux de transmission et l'endossement en est le plus important.

L'endossement est un acte par lequel le propriétaire d'un effet commercial le cède à un autre en
restant garant du payement à l'échéance. Cette opération s'effectue au moyen d'une mention faite au
dos de l'effet par le bénéficiaire. C'est de là que l'endossement tire son nom. Il résulte de la définition
précédente, que l'endossement est un contrat tout
particulier qui en renferme trois autres : une vente,
une cession, un cautionnement. Une vente, puisque
l'effet commercial est une marchandise vendue par
l'endosseur ; une cession, car non-seulement la propriété de l'effet, mais les garanties accessoires sont
transmises par l'endossement; enfin un cautionnement, car l'endosseur se constitue caution des propriétaires antérieurs de l'effet.

Ce contrat particulier n'était connu ni à Rome, ni
en France avant le dix-septième siècle. C'est à cette
date, vers 1620, que la pratique commerciale fit
naître l'endossement dans l'intérêt du commerce et
de l'industrie. Et en effet, qui ne voit combien serait
coûteuse et embarrassante l'application des règles de
la cession du droit civil faite aux effets commerciaux, lorsque par exemple ils sont payables dans
une autre localité que celle où ils ont été souscrits :
il faudrait s'adresser à un commerçant de cette localité, il faudrait le rendre propriétaire ou lui donner
mandat... L'endossement fait disparaître toutes ces
lenteurs, tout en sauvegardant la sûreté des transac-

tions; il permet aux effets commerciaux de circuler à l'instar des titres au porteur, c'est-à-dire par la simple délivrance de la main à la main, et par sa forme nominative il éclaire l'acheteur sur le point de s'engager. Observons, en passant, que la remise de place en place dont nous parlions tout à l'heure à titre d'exemple n'est pas un élément essentiel de l'endossement, qui peut être souscrit dans le lieu même où l'effet est payable. Pothier disait le contraire, mais en partant de cette idée fausse, à savoir que l'endossement est essentiellement un contrat de change. Ce n'est qu'accidentellement au contraire que l'endossement devient un contrat de change, et il ne le devient que comme accessoire et conséquence d'un contrat de change né en même temps que l'effet commercial.

A quels effets l'endossement s'applique-t-il? D'anciens auteurs ont prétendu que l'endossement n'était possible qu'en présence d'un effet purement commercial. Pothier notamment émettait cette idée. Cette opinion est inadmissible, car il existe d'une part des créances essentiellement commerciales intransmissibles par voie d'endossement, par exemple la lettre de change souscrite nominativement au profit du preneur et non revêtue de la clause à ordre; et d'autre part, il est à considérer qu'une opération civile est susceptible d'endossement : le billet à ordre dont la cause est civile et la teneur non accompagnée de la clause à ordre le prouve. Aujourd'hui, les auteurs s'accordent à décider que l'endossement est le corollaire de la clause à ordre, peu importe la nature des effets, peu importe leur forme, qu'ils soient civils ou commerciaux, notariés ou sous seing privé. Appliqué aux créances individuelles, à celles existant au profit d'une personne déterminée nominativement, l'endossement n'a d'effet qu'*inter partes*. Pour valoir à l'égard des *tiers* il doit être accompagné des formalités prescrites par l'art. 1690 du Code civil.

En principe, les effets civils et commerciaux indistinctement sont susceptibles d'être revêtus de la clause à ordre. Celle-ci est d'une application rare en matière civile ; en matière commerciale, elle affecte plus spécialement : 1º la lettre de change, acte solennel en forme de lettre par lequel le souscripteur mande à une tierce personne de payer dans un autre lieu une certaine somme à celui au profit de qui la lettre est souscrite ou à son cessionnaire ; 2º le billet à ordre, écrit par lequel un individu s'engage envers un bénéficiaire ou preneur à son ordre à payer une somme à une époque marquée ; 3º le billet à domicile, billet à ordre seulement payable dans un autre lieu que celui où il est souscrit ; 4º le mandat qui se traduit ainsi : « il vous plaira de payer à B. ou à son ordre la somme de ... » ; 5º le chèque-mandat, sorte de mandat de payement servant au porteur à effectuer le retrait à son profit ou au profit d'un tiers de tout ou partie des fonds portés au crédit de son compte chez le tiré et disponible ; 6º les actions et obligations des sociétés commerciales et des sociétés civiles organisées à l'instar des sociétés commerciales en com-

mandite, par actions ou anonymes ; 7° les connaisse-
ments, reconnaissances fournies par le capitaine de
marchandises à transporter ; 8° les lettres de voiture,
reconnaissances de voiturier ; 9° les billets de grosses,
écrits constatant un contrat réel, aléatoire, le prêt
d'une somme exposée aux risques maritimes ; 10° les
récépissés des magasins généraux, écrits qui constatent un transfert de propriété, et les warrants, bulle-
tins de gage délivrés par les préposés aux magasins
généraux ; 11° les polices d'assurances, écrits relatant
un contrat d'assurance ; 12° les bons du Trésor, rentes
exigibles en capital et saisissables émises pas l'État.

On distingue deux sortes d'endossements : l'endossement régulier qui est, en définitive, le seul et véritable endossement, l'endossement irrégulier y compris
l'endossement en blanc. Cette distinction servira de
division dans l'étude qui va suivre.

I. — *De l'endossement régulier.*

L'endossement régulier est l'acte accompli suivant
les formes exigées par la loi, par lequel le propriétaire d'une créance commerciale en transmet la propriété à un tiers dénommé et lui en garantit le
payement à l'échéance.

Demandons-nous successivement : 1° par qui et au
profit de qui l'endossement peut être fait ; jusqu'à

quel moment, et 3° suivant quelles formes il peut
l'être ; 4° quels sont les effets de l'endossement.

§ I. *Par qui et au profit de qui l'endossement peut-il être fait?*

L'endossement ne peut être fait que par celui qui
a qualité et capacité à cet effet.

A qualité : le propriétaire, son héritier, son commissionnaire, son mandataire qu'il soit légal, comme
un gérant de société, des syndics d'une faillite, qu'il
soit conventionnel. Remarquons qu'aux termes de
l'art. 76 du Code de commerce, le mandat doit être
donné aux agents de change. A eux seuls appartient
la négociation des effets de commerce, à moins que
le porteur d'un effet négociable ne veuille le négocier lui-même ou par l'entremise de son commis et
de sa femme chargée par lui de la tenue des livres.
Cependant à Paris, les agents de change supportent
la concurrence des courtiers de commerce ; mais,
sauf cette exception, tout individu qui s'immiscerait
dans les fonctions d'agent de change serait poursuivi
pour usurpation de fonctions publiques, et par suite
serait puni d'une amende, privé du droit d'entrer à
la Bourse et dépouillé de toute action contre son
client. En outre, la négociation serait frappée de nullité, aux termes de l'art. 7 de l'arrêté du 27 prairial
an X. Pour acquérir par endossement, il faut aussi

avoir qualité à cet effet : or, chacun a qualité d'acquérir pour son compte, et les agents de change sont encore dans cette opération des intermédiaires nécessaires.

A capacité pour endosser ou pour recevoir un endossement celui que le Code civil répute capable en matière de contrat. D'après les art. 113 et 114 du Code de commerce, les mineurs et les femmes mariées ou non mariées sont réputés capables lorsqu'ils sont commerçants. Ces dispositions ont été édictées dans le but de mettre ces personnes à l'abri de la contrainte par corps. Aujourd'hui que cette contrainte est abolie aux termes de la loi de 1867, elles s'expliquent difficilement, à moins qu'on ne dise qu'à l'égard des actes essentiellement commerciaux, comme la lettre de change, l'engagement de la femme ou du mineur non commerçant est purement civil comme celui d'un magistrat ou d'un avocat. — Remarquons que la loi défend aux agents de change et courtiers de commerce de négocier pour leur propre compte, de crainte que l'intérêt ne leur fasse trahir leur devoir, ou que cette opération de bourse n'entraîne leur faillite au préjudice des clients. En cas de contravention, l'agent de change et le courtier encourent les peines de l'amende et de la destitution. En outre, la nullité de l'opération peut être demandée contre eux par la partie intéressée.

§ II. *A quelle époque l'endossement peut-il être fait ?*

Il est certain qu'un effet de commerce peut avant son échéance être transmis par voie d'endossement, mais est-il transmissible après son échéance ? Cette question se soulève surtout à l'occasion d'un endossement passé au profit de preneurs français par des créanciers étrangers, car souvent après l'échéance, le porteur qui n'a pas réussi à se faire payer et dont les poursuites ont déterminé le débiteur à aller se réfugier en France, songe à négocier son titre à un Français. Certains auteurs et la jurisprudence avec eux répondent affirmativement à la question : ils décident que l'endossement après échéance confère au porteur les droits d'un porteur ordinaire, que dès lors l'accepteur, par exemple, n'opposera valablement à ce porteur que des exceptions personnelles, qu'il ne pourra se prévaloir des exceptions qu'il eût pu opposer au propriétaire du titre à l'époque de l'échéance. « Attendu que l'art. 136 du Code de commerce déclare en termes généraux que la propriété d'une lettre de change se transmet par la voie de l'endossement, et que ni cet article, ni aucune autre disposition de la loi ne fait exception à cette règle pour le cas où la transmission par l'endossement a été postérieure à l'échéance..... Attendu que le porteur d'un effet de commerce qui en est devenu propriétaire par un endossement régulier est créancier direct du souscripteur, et n'est passible que des exceptions qui lui sont personnelles ; que ce principe, qui tient à l'essence des effets de commerce, subsiste en cas de transmission par endossement postérieur à l'échéance, et que l'époque de la transmission ne détruit ni ne modifie la nature et les conditions spécialement attachées par la loi au titre transmis... » (Arrêts de la Cour de cassation du 22 mars et du 18 août 1856.) D'autres auteurs, prenant parti pour la négative, font appel au droit commun qui est la transmission du Code civil. On a dérogé à ce droit dans l'intérêt du commerce, en donnant au propriétaire d'une créance la faculté de céder par endossement, on a créé une faveur, une exception, or les priviléges attachés à la qualité de tiers porteur ne devant pas être étendus ne sauraient être invoqués que par ceux qui auraient été par voie d'endossement investis de la propriété de l'effet avant l'échéance. Les mêmes auteurs argumentent ensuite d'une ordonnance de 1673 relative aux endossements et présentent certaines considérations économiques.

On leur a répondu avec raison, suivant nous, que l'ancienne ordonnance n'a pas été reproduite dans nos Codes, que l'économie est impuissante à détruire des conséquences rigoureuses d'un principe de droit. Et en effet, il n'est pas exact de dire que la faculté de céder par endossement est une sorte de faveur, une exception au droit commun. Cette faculté découle de la clause à ordre, laquelle a été insérée dans le titre du consentement réciproque des parties. Ce consentement, cette clause à ordre, voilà le principe d'où dérive le droit d'endosser l'effet postérieurement même à l'échéance qui n'a aucune prise ni sur la clause, ni sur le caractère commercial de l'effet.

J'ai à peine besoin de soulever la question de savoir dans quel lieu l'endossement est valablement effectué. On n'a jamais contesté que l'endossement ne puisse être réalisé dans un lieu quelconque. Pourtant, lorsqu'une lettre de change est à l'ordre du tireur lui-même, comme dans ce cas, le contrat n'est parfait que par l'endossement et comme il n'y a de contrat de change qu'autant qu'il y a remise de place en place, il en résulte que cette remise est nécessaire pour que l'endossement soit valable. Il n'y aurait donc pas de lettre de change, si le tireur endossait la lettre dans le lieu où elle est payable.

§ III. *Suivant quelles formes l'endossement peut-il être fait?*

L'endossement doit être fait par écrit, et il doit figurer sur le corps même du titre. Fait par acte séparé, il équivaut à une cession ordinaire assujettie aux formalités exigées par le Code civil. Mais, est-ce à dire que l'endossement doive être nécessairement mis au dos du titre, qu'il soit de nul effet, s'il se trouve écrit au haut ou au bas de l'acte lui-même? Non, une pareille rigueur n'aurait aucune raison d'être. Dans la pratique, on endosse presque toujours sur le dos du titre, mais rien n'empêche qu'on agisse autrement, qu'on se serve d'une allonge lorsque le titre ne suffit pas à contenir tous les endossements que l'effet est susceptible de recevoir. Toutefois, l'emploi d'une allonge nécessite certaines précautions contre les fraudes. Ainsi, il est utile de mettre sur le *recto* de l'allonge cette mention : allonge à une lettre de change de telle somme, tirée tel jour par un tel sur un tel, ou bien d'écrire l'endossement en partie sur le titre, en partie sur l'allonge.

. En second lieu, l'endossement doit être signé par l'endosseur ; mais il n'est pas nécessaire qu'il soit écrit entièrement de la main de l'endosseur, ni, lorsqu'il a été écrit par un tiers, qu'il y soit apposé par le signataire le *bon* ou *approuvé* indiquant le montant de la somme. L'art. 1326 du Code civil n'est point applicable à la lettre de change, et il n'est pas probable que la loi exige dans l'hypothèse d'un endossement écrit par un tiers l'indication du montant de la somme, alors qu'elle ne l'exige pas quand l'endossement est écrit de la main de l'endosseur. Il peut arriver que l'endosseur ne sache pas signer, dans ce cas il endossera par l'entremise d'un tiers en lui donnant procuration.

Cependant, l'endosseur qui ne sait pas signer, ne

pourrait-il pas endosser lui-même devant notaire?
Les auteurs ne sont pas d'accord sur l'appréciation
de ce point de droit. Pour les uns la négative est
seule acceptable par cette raison que, l'endossement
étant une espèce de vente qui imposerait au notaire
l'obligation d'en garder minute et que cependant
l'endossement ne peut pas ne pas figurer sur l'effet
commercial, l'opinion contraire aboutit à une incom-
patibilité. — Les autres soutenant l'affirmative,
disent que la loi n'ayant pas ici prohibé expressément la rédaction en brevet, il n'est pas impossible
d'accepter cette forme, que, du reste, la forme en
minute dût-elle être observée, on évite l'incompati-
bilité que craignent les partisans de la négative en
transcrivant la minute de l'endossement sur le verso
du titre. Ce système a l'avantage d'être conforme au
principe suivant lequel tout acte sous seing privé est
susceptible de recevoir la forme authentique. Pour-
rait-on lui objecter, qu'en laissant intervenir le notaire, il crée une cause de ralentissement dans la circulation des effets de commerce? Nous ne le pensons
pas, car d'après le système l'intervention du notaire
n'est pas obligatoire, elle est laissée à l'agrément
des parties. Ce serait donc, au contraire, entraver la
marche des effets négociables que d'écarter le ministère du notaire, quand les parties ne savent pas
signer ou ne veulent endosser que par acte authentique.

Il peut se faire qu'il y ait plusieurs exemplaires
d'un effet commercial ; dans ce cas l'endosseur qui

les aurait tous entre les mains, doit les remettre
au cessionnaire, autrement il se ménagerait le moyen
de faire de nouveaux endossements, ce qui serait
injuste. De même, si l'endossement est fait sur une
copie et que l'original revienne entre ses mains, il
devra remettre cet original au porteur ou cessionnaire.

Aux termes de l'art. 137 du Code de commerce,
l'endossement doit être daté, c'est-à-dire porter le
jour, le mois et l'année où il a été passé. La date est
une formalité indispensable à la validité de l'endossement. C'est par elle que l'on saura si l'endosseur
avait la capacité voulue au moment de la négociation de l'effet, par elle que sera prévenue la fraude
d'un commerçant insolvable qui ayant cessé ses
payements et étant sur le point d'être déclaré en faillite voudrait favoriser certains créanciers au préjudice
d'autres créanciers, en faisant passer aux premiers
des valeurs négociables dont il est nanti, par des endossements non datés ou antidatés de manière à
faire remonter l'opération à une époque de solvabilité.

Constatons ici une différence assez importante qui
existe entre l'endossement et la lettre de change.
Celle-ci doit porter non-seulement la date, mais encore le lieu de la création. Au contraire, l'endossement n'est nullement astreint par la loi à l'indication
du lieu d'origine. Toutefois, il en serait autrement,
ainsi que nous l'avons constaté plus haut, si la lettre
de change avait été tirée à l'ordre du tireur lui-même,

car on voit que dans ce cas la lettre de change manque d'un élément essentiel qui est le contrat de change. Or ici le contrat se formant par l'endossement, il faut bien que celui-ci contienne l'indication du lieu, afin qu'on sache que l'effet a été endossé dans un endroit autre que celui du payement.

La sanction apposée par la loi à la prescription d'une date existante et sincère, consiste dans la nullité de l'endossement et dans la peine de faux. Article 139 : « Il est défendu d'antidater les ordres à peine de faux. » Cet article est la reproduction de l'ordonnance de 1673, ainsi conçue : « Défendons d'antidater les ordres, c'est-à-dire les endossements, à peine de faux. »

Cette pénalité s'étend-elle à l'antidate de l'effet commercial ? Est-elle encourue par le failli qui, au lieu de transmettre son effet, en crée un nouveau ? Certains auteurs ont soutenu l'affirmative, croyant que le législateur eût été inconséquent s'il eût édicté une disposition plus rigoureuse pour une convention accessoire que pour un engagement principal. (Pardessus, C. *de Comm.*, I, nº 333). A ce système nous opposerons d'abord le principe d'après lequel il n'est pas permis d'étendre une peine d'un cas prévu à un cas imprévu. Puis, nous ferons remarquer qu'il y avait un motif sérieux pour défendre plus sévèrement l'antidate de l'endossement. En effet, la création d'un titre revêtu d'une signature sans valeur n'offre-t-elle pas infiniment moins de danger que la transmission d'un effet portant la signature de plusieurs endos-

seurs considérés? Où serait le preneur assez crédule
pour antidater et acheter ce titre nouvellement créé?
Au contraire, ce sera sans peine que le porteur failli
trouvera un acheteur indifférent à sa garantie.

La date, avons-nous dit, consiste dans la mention
du jour, du mois et de l'an. Ainsi énoncée, la date
est spéciale et précise. Au contraire, la date
serait générale et incertaine si elle consistait dans
ces termes : *ut retro, ut supra,* car on conçoit que
ces désignations puissent se rapporter à des dates
étrangères. Nous pensons encore qu'il faut toujours
se reporter au moment de la confection de l'endossement pour reconnaître si une date existe. Par conséquent, l'endossement non daté en lui-même, mais
dont la date peut se déduire d'un aval ou d'un protêt daté sera nul, malgré cette particularité favorable en apparence.

L'endossement doit encore exprimer la *valeur
fournie,* aux termes de l'art. 137, sans qu'il importe
qu'en fait elle ait ou n'ait pas été fournie. La valeur
fournie sera suffisamment exprimée par la désigna-
tion de son espèce, quand, par exemple, l'endossement portera : *valeur reçue en espèces; en marchandises;* ou même *en solde; en compte,* ce qui veut dire
qu'elle consiste dans la simple dette que contracte
le preneur envers l'endosseur. Ces expressions, en
vertu de leur élasticité, écartent les inconvénients
qui résulteraient de l'obligation d'individualiser la
valeur fournie. L'expression *valeur reçue comptant*
n'indique pas l'espèce de valeur fournie, cependant

la jurisprudence l'a mise sur le même pied que celle *valeur en espèces*, et l'a rendue susceptible de transmettre la propriété de l'effet endossé. Au contraire, les termes *valeur en recouvrement, valeur entendue, valeur fournie* ne jouissent pas du même privilége, et l'endossement causé de cette manière vaut seulement comme procuration. Quelques auteurs en disent autant des termes *valeur en bons offices.* Mais on peut leur répondre que les bons offices ne représentent pas une valeur purement fictive, qu'ils forment plutôt un équivalent pécuniaire et de plus servent de cause à une obligation naturelle, que, par conséquent, il est conforme aux principes de valider l'endossement ainsi causé.

L'art. 137 ajoute : l'endossement énonce le *nom* de celui à *l'ordre* de qui il est passé. Il résulte de cette disposition que le législateur exclut les lettres au porteur, et qu'il n'admet la validité de l'endossement qu'autant que l'endosseur passe la lettre à l'ordre du porteur. Ceci constitue une différence très-notable avec ce qui se passait avant la promulgation du Code de 1808. La législation antérieure n'exigeait pas que l'endossement contînt la clause à ordre sous peine de nullité : fait à personne dénommée, il est était parfaitement valable. Au reste, cette différence n'est pas la seule. Ainsi, autrefois la faculté de négocier la lettre de change par voie d'endossement en vertu de la clause à ordre, s'arrêtait au premier degré, tandis qu'aujourd'hui cette faculté ne s'épuise pas. Par rapport à la validité de l'endossement, le rang du porteur est tout à fait indifférent. Autrefois l'endossement ne s'effectuait de plein droit qu'au lieu de la création de l'effet et du payement, aujourd'hui, on endosse un effet dans un lieu quelconque et sans autorisation préalable. Dans l'ancien droit, le défaut d'autorisation n'eût pas rendu l'opération nulle, elle empêchait seulement que le tireur, à défaut de payement de l'effet à l'échéance, pût être contraint de supporter un droit de change supérieur au change du lieu où l'effet était payable sur le lieu où il avait été créé (ord. de 1673, tit. VI, art. 5 et 6).

Jusqu'ici nous avons parlé de conditions essentielles : il y a de plus des indications qu'un endossement renferme parfois et d'une manière accidentelle. C'est, par exemple, l'énonciation de la qualité du mandataire quand l'endossement se fait par l'intermédiaire d'un mandataire ; c'est la clause de *non-garantie, sans garantie, sans recours*, lorsque l'endosseur veut se soustraire à l'obligation de la garantie ; c'est la clause *à forfait* qui modifie l'endossement en un contrat aléatoire, moyennant la remise d'une prime faite au porteur par l'endosseur ; c'est la clause de *retour sans frais*, par laquelle l'endosseur dispense le porteur des frais de protêt, en cas de non-payement à l'échéance ; c'est enfin l'indication d'un recommandataire chargé de payer à défaut du débiteur. Ajoutons qu'il y a certains termes complémentaires, quand l'endossement au lieu d'être pur et simple est à terme ou conditionnel.

L'endossement peut-il être bâtonné ? Cette question se résout par une distinction. L'endosseur s'est-il dessaisi du titre endossé par lui, ou a-t-il donné avis de l'endossement à celui à l'ordre duquel il a passé l'effet négociable, il est lié irrévocablement, et dès lors, il ne peut se dégager de son obligation en bâtonnant l'endossement. Au contraire, ne s'est-il pas dessaisi du titre, n'a-t-il pas donné avis de l'endossement, alors aucun lien, aucun contrat ne s'étant formé, libre à l'endosseur de bâtonner son écriture.

§ IV. — *Quels sont les effets de l'endossement.*

Le premier et le plus important effet de l'endossement est de transférer au porteur la propriété de l'effet endossé d'une manière complète, immédiate et définitive. Conséquemment, les créanciers de l'endosseur perdent un gage, ceux du preneur ou cessionnaire en acquièrent un.

Un second effet de l'endossement consiste à rendre le preneur créancier direct et immédiat des obligés principaux et coobligés. Le preneur est affranchi de toutes les exceptions qui ne seraient pas fondées sur sa personne, celles par exemple que le tiré pourrait faire valoir contre le cédant, comme un payement partiel, une compensation. Ceci constitue entre la cession civile et l'endossement une différence considérable qui provient de ce que, contrairement au débiteur du droit civil, le tiré est engagé non pas

envers une personne déterminée incapable de céder
plus de droit qu'elle n'en a elle-même, mais envers
tout porteur et cela en vertu de la clause à ordre.
Quiconque acquiert l'effet négociable entre avec le tiré,
dans un rapport direct : si donc un étranger avait
souscrit un titre à ordre au profit d'un autre étranger
lequel l'avait passé ensuite à un Français, celui-ci
aurait pu, avant la loi de 1867 abolitive de la contrainte par corps, requérir l'arrestation provisoire du
débiteur, comme si le débiteur avait tout d'abord
traité avec le Français. De même, un Français devenu
porteur d'un titre à ordre souscrit par un étranger
au profit d'un autre étranger invoquera efficacement
l'art. 14 du Code civil dans le but de citer le débiteur
étranger devant les tribunaux français, bien que le
bénéficiaire étranger ne le puisse pas.

La Cour de cassation a consacré cette doctrine :
« Attendu que le débiteur qui s'engage par un titre
payable à ordre accepte d'avance pour créancier, non-
seulement le bénéficiaire ou preneur du billet, mais
encore tous ceux qui en deviendraient propriétaires
par des endossements successifs ; qu'à la différence
du cessionnaire d'une créance ordinaire, auquel le
Code civil accorde contre le débiteur autant de droit
seulement qu'en avait le cédant qu'il représente, le
porteur de l'endossement a pour débiteur *direct* le
souscripteur, sans intermédiaire du bénéficiaire et
des autres endosseurs, qui ne se représentent pas
les uns les autres, mais dont chacun a été *de son
propre chef* créancier du souscripteur ; que, sans ce

principe, qui résulte des art. 136, 137 et 164 du Code de commerce, la transmission par voie d'ordre ou d'endossement ne produirait pas la circulation facile en vue de laquelle elle a été admise dans le commerce, circulation rapide dont chacun des mouvements accroît le crédit du billet par la garantie qu'apporte la signature de chaque endosseur, et sans que, par une exception tirée de faits personnels aux endosseurs et aux souscripteurs, le payement puisse être refusé le jour de l'échéance, au porteur. » (Arrêt, 18 mars 1850.)

Supposons qu'un Marseillais ait souscrit un effet de commerce au profit du Parisien, que l'échéance arrivant, et le souscripteur étant créancier du bénéficiaire, d'autres créanciers de celui-ci aient formé des saisies-arrêts entre les mains du souscripteur. Évidemment, le Parisien qui reste porteur de l'effet n'exercera valablement aucune poursuite, et de plus il subira les conséquences de la compensation et des saisies-arrêts; mais s'il endosse son effet, le souscripteur pourra-t-il soutenir que l'endossement n'est autre chose qu'une manœuvre faite en vue d'éluder les compensation et saisies-arrêts? Non, la Cour de cassation a décidé, conformément au principe indiqué plus haut, que la saisie-arrêt pratiquée par un créancier bénéficiaire entre les mains du souscripteur n'est pas opposable à celui au profit de qui l'effet est ensuite passé, peu importe qu'il soit passé avant ou après l'échéance.

« Attendu, dit la Cour de cassation, attendu, en

droit, qu'aux termes de l'art. 149 du Code de commerce, il n'est admis d'opposition au payement d'une lettre de change qu'en cas de perte de la lettre ou de faillite du porteur ; attendu que l'art. 136 déclare que la propriété d'une lettre de change se transmet par la voie de l'endossement ; que le porteur d'un effet de commerce, qui en est devenu propriétaire de bonne foi par endossement régulier, est créancier direct du souscripteur et n'est passible que des exceptions qui sont personnelles à lui-même ; que ces principes, qui tiennent à l'essence des effets de commerce, subsistent en cas de transmission par endossement postérieur à l'échéance, et qu'il ne résulte d'aucune disposition de la loi que l'époque de la transmission doive détruire ou modifier la nature et les conditions du titre transmis...»... (Arrêt du 25 juillet 1855.)

Il n'est donc pas douteux que le tiré ne soit d'une manière absolue l'obligé du porteur, en supposant seulement que celui-ci soit sérieux et réel, loin d'être un chargé d'affaires, un prête-nom. « Attendu, dit en effet la Cour de Douai dans un arrêt en date du 10 février 1853, attendu que, si l'on doit reconnaître que l'endossement transmet la propriété d'une lettre de change d'une manière tellement absolue, que, par une fiction légale, le débiteur est réputé s'être obligé envers le porteur..., il ne faut pas pour cela oublier qu'il est nécessaire, avant tout, que le Français soit créancier sérieux et réel ; attendu que, si on devient véritablement créancier par l'endossement, lorsqu'on a fourni la valeur de la lettre de change, soit en écus, soit en l'admettant (sauf recouvrement) dans un compte courant; il n'en saurait être de même lorsqu'il est démontré que l'endossement n'est qu'un mandat ou un bon office réclamé d'un prête-nom; attendu que si aucune loi n'interdit d'avoir recours à un prête-nom, soit pour plaider, soit pour contracter, il est incontestable que le prête-nom ne saurait être pour celui qui l'emploie un moyen d'échapper aux exceptions dont ce dernier pourrait être passible... »

La loi a, en faveur du porteur, dérogé au principe qui domine la faillite, à savoir qu'une égalité parfaite doit exister entre les créanciers du failli (article 446 à 448 du Code de commerce). La dérogation résulte de l'art. 449 du même Code : « Dans le cas où des lettres de change auraient été payées après l'époque fixée comme étant celle de la cessation des payements et avant le jugement déclaratif de faillite, l'action en rapport ne pourra être intentée que contre celui pour le compte duquel la lettre de change aura été fournie. S'il s'agit d'un billet à ordre, l'action ne pourra être exercée que contre le premier endosseur. Dans l'un et l'autre cas, la preuve que celui à qui on demande le rapport avait connaissance de la cessation de payement à l'époque de l'émission du titre devra être fournie. » Quelle portée faut-il donner à cet article? Voici comment M. Tripier, qui en proposa l'adoption, s'exprima devant la chambre des Pairs : « Lorsqu'une somme aura été illégalement payée par le débiteur postérieurement à sa faillite, elle devra être rapportée à la masse par le créancier qui l'aura reçue; voilà la règle générale. Cette obligation devra-t-elle s'étendre aux porteurs des effets de commerce? Ces titres sont une sorte de monnaie dont il ne faut pas altérer la valeur. Les porteurs à l'échéance sont dans la nécessité de recevoir le payement ou de faire constater le refus par un protêt; si le payement est effectué, le protêt ne peut être fait, et sans le protêt, pas de recours contre le tireur et les endosseurs. On ne pourrait sans injustice admettre une règle qui leur enlèverait, en même temps, les valeurs qu'ils ont reçues et leurs recours contre les endosseurs. Ils ont été dans la nécessité de recevoir, ils conserveront le payement. Mais il a été reçu à la décharge d'un précédent obligé : ce sera contre celui-ci que l'action en rapport devra être exercée. » Le motif invoqué par M. Tripier n'est pas le seul, le but principal du législateur a été de donner sécurité à la circulation et à l'encaissement des effets de commerce émis avant l'époque de la cessation des payements. Aussi ne saurait-on argumenter des paroles précitées pour faire déclarer l'article inapplicable au cas où il y a un protêt. L'article est général et ne se prête pas aux restrictions que lui a fait subir la Cour de cassation dans ses arrêts du 15 et 27 novembre 1867; une seule chose doit être sous-entendue, c'est la fraude des parties, comme l'emploi d'un prête-nom, l'acceptation en payement de marchandises au lieu d'espèces. (Cour de Bordeaux, arrêt du 8 juillet 1856.)

Toutes les garanties accessoires, alors même qu'elles ne sont pas mentionnées dans le billet négocié et que le porteur a pu les ignorer passent au preneur en même temps que la créance. L'endosseur transférera au preneur l'hypothèque qui garantit le payement de l'effet négocié. En vain prétendra-t-on que l'hypothèque appartenant à la loi civile ne peut être transférée par voie d'endossement ; toute créance revêtue de la clause à ordre et même les créances civiles étant susceptibles de recevoir ce mode de transmission, il n'y a pas de raison pour en priver les garanties accessoires. D'ailleurs, qu'en fera-t-on ? Elles deviennent étrangères au créancier primitif, par ce principe que l'accessoire ne subsiste pas sans principal ; elles ne sont pas éteintes, vu qu'aucune disposition législative n'en consacre l'extinction. Redoute-t-on les antidates ? Mais pourquoi cette crainte, alors qu'on se montre plus rassuré au sujet des opérations où la transmission par voie d'endossement est habituelle ? Pense-t-on que le tiers détenteur qui voudrait purger l'immeuble hypothéqué éprouvera des difficultés insurmontables ? Mais, s'il s'agit des notifications exigées par l'art. 2183 du Code civil, ce n'est pas au domicile de chaque créancier, mais au domicile élu dans l'inscription qu'elles seront faites, et s'il s'agit de payer le montant de la dette hypothécaire, le tiers détenteur consignera les fonds lorsqu'il ne connaît pas le porteur ou que celui-ci refuse le payement fait avant l'échéance.

Craint-on de méconnaître les conditions de publi-

cité nécessaires pour la constitution de l'hypothèque ?
Mais, il ne s'agit pas de constituer une hypothèque,
il est question seulement de transférer une hypothèque déjà existante. Qu'on ne craigne pas non plus
de voir dans la transmission de l'hypothèque par
voie d'endossement un retour au système de la mo-
bilisation du sol proposé par la loi du 11 messidor
an III. Il n'y a rien de commun entre transmettre
une hypothèque constituée déjà par un acte public et
correspondant au besoin d'un emprunt et convertir
à sa fantaisie sa propriété foncière en cédules hypothécaires, elles-mêmes subdivisées en coupons susceptibles d'être négociés par endossements.

La jurisprudence qui prend parti pour la transmissibilité de l'hypothèque par voie d'endossement
a fait valoir les arguments précités :

« Considérant qu'il est aujourd'hui de jurisprudence bien établie que la transmission, par voie
d'endossement, d'une créance commerciale, transporte, comme une cession civile, les cautionnements
et hypothèques attachés à la créance, alors même
que ces accessoires ne sont pas mentionnés dans le
billet négocié et le tiers porteur a pu les ignorer;
considérant que, s'il en était autrement, il faudrait
décider que, lors même que la créance subsiste, l'hypothèque stipulée pour sa sûreté peut cependant
n'appartenir à personne... » (Cour de Dijon, arrêt
du 5 août 1858.)

« Considérant qu'il est impossible de comprendre
l'hypothèque séparée de la créance ; que la préten-

tion de J..., qui consiste à vouloir exercer son droit hypothécaire pour une créance qui ne lui appartient pas et au payement de laquelle il est obligé solidairement, est insoutenable; que, si les créanciers tiers porteurs n'ont pas l'hypothèque, il faut dire que personne ne l'a; mais considérant qu'en droit la cession de la créance en comprend les accessoires, tels que la caution, priviléges et hypothèques (art. 1692 du Code civil); qu'aux termes de l'art. 136 du Code de commerce, la propriété des billets à ordre se transmet par voie de l'endossement, et que le cessionnaire est saisi de plein droit, sans qu'il soit besoin d'une signification préalable au débiteur cédé; que l'endossement régulier des effets dont il s'agit dans la cause, a transféré aux tiers porteurs cessionnaires une action solidaire tant contre l'endosseur J... que contre les endosseurs L... et Comp.; que cette double action les investit, d'une part, du droit direct et réel d'hypothèque sur les immeubles de L... affectés à l'acquittement de l'obligation, et de l'autre, du droit d'exiger que J..., codébiteur solidaire, s'abstienne de faire quelque chose qui puisse en entraver l'exercice; considérant que si l'incertitude du tiers porteur peut entraîner quelques difficultés dans les notifications de la purge et pour le payement des dettes et charges hypothécaires, ces difficultés ne sont pas réelles et ne peuvent surtout aggraver la position du débiteur et de l'acquéreur qui veut purger; que d'une part, il n'est tenu de notifier qu'aux domiciles élus dans les inscriptions, et que de l'autre il pourra toujours se libérer, fût-il obligé de recourir au moyen de la consignation ; qu'en effet le tiers détenteur, qui ne connaît pas les inscriptions, n'a de relation à nouer qu'avec les créanciers qu'elles indiquent, et que c'est aux porteurs d'effets négociables à se plier aux règles fondamentales du régime hypothécaire dont ils revendiquent les bénéfices... » (Cour de Colmar, arrêt du 30 décembre 1850).

Un troisième effet de l'endossement apparaît dans la garantie dont l'endosseur est tenu vis-à-vis du preneur. Nous avons vu, en étudiant la cession du droit civil, que le cédant n'est tenu à l'égard du cessionnaire qu'à la garantie de l'existence du droit au moment de la cession, à moins qu'il n'ait élargi sa responsabilité par des engagements formels. L'endosseur, au contraire, est de plein droit garant du payement à son échéance et la garantie dont il est tenu ne se borne pas au remboursement du prix reçu, elle s'étend à la somme énoncée dans le titre et payable au jour et lieu indiqués. Les droits et actions que le preneur a contre le tireur ayant été endossés par le preneur, le bénéficiaire agit, à défaut d'acceptation ou de payement de l'effet négociable de la part du tiré, contre l'endosseur et contre le tireur. Ce bénéficiaire endosse-t-il à son tour, ce qu'il peut faire évidemment puisque l'endossement l'a rendu propriétaire de l'effet, il contracte la même obligation de garantie que le cédant envers lui, de sorte que la personne à l'égard de laquelle il devient à son tour endosseur agira et contre lui, et contre l'endosseur précédent, et contre le tireur. — Rien n'empêche qu'un effet de commerce soit de nouveau endossé au profit d'une personne figurant déjà sur le titre en qualité de précédent endosseur, de tireur, de tiré et d'accepteur, et qu'il soit endossé ensuite par cette même personne. Seulement, il est clair qu'un endossement de ce genre éteindra tout ou partie des obligations résultant de l'effet de commerce.

Voici de quelle manière s'apprécie la situation des endosseurs les uns à l'égard des autres : le premier endosseur est garant du payement vis-à-vis du second et des endosseurs subséquents ; le deuxième endosseur est tenu d'une garantie semblable à l'égard du troisième et des endosseurs postérieurs, mais il est garanti lui-même par l'endosseur qui le précède, le troisième, le quatrième, etc., garantissent ceux qui les suivent, tout en étant garantis eux-mêmes par les endosseurs qui les précèdent. Ceci, toutefois, ne doit s'entendre que sous cette réserve qu'un endosseur n'ait point entendu échapper au recours par l'insertion dans l'endos d'une clause de non-garantie. Si la clause se trouvait insérée dans la rédaction de l'effet même sa partie serait plus grande encore, elle profiterait à la fois et au tireur et à tous les endosseurs, car l'effet n'a pu parvenir au porteur que diminué d'une garantie qui lui avait été enlevée dès sa création. Ajoutons que la clause sans garantie qui dispense le tireur ou l'endosseur, ou l'un et l'autre du payement de l'effet, ne leur, fait pas remise, d'après la jurisprudence, de l'obligation de garantir l'existence même du titre. (Arrêt de la Cour de cassation du 9 août 1854.) Toutefois, l'intention des parties étant la chose prédominante en matière de clause, c'est elle qu'il faut avant tout envisager.

Le principe d'après lequel chacun est tenu de ses faits personnels, est évidemment applicable à l'endossement ; ne l'est pas, au contraire, la règle de l'art. 2037 du Code civil aux termes duquel la caution est déchargée, lorsque la subrogation aux droits, hypothèques et priviléges du créancier ne peut plus, par le fait de ce créancier, s'opérer en faveur de la caution. L'obligation du souscripteur et celle de l'endosseur n'étant aucunement dépendantes l'une de l'autre, ce dernier reste dans tous les cas obligé vis-à-vis du porteur.

On voit par ce que nous avons dit jusqu'ici de l'endossement que ce mode de transmission se sépare d'une manière bien tranchée de la cession civile. Non-seulement il se distingue par la simplicité de ses formes et par l'impulsion qu'il donne à la marche du titre commercial, mais encore par l'extension de ses effets. L'endossement ne transporte pas sur la tête du preneur les exceptions opposables à l'endosseur, il impose à celui-ci la garantie du payement effectif à l'échéance et non pas la garantie moins conséquente de l'existence du droit ou même de la solvabilité présente du débiteur. En matière civile, si le cédant est garant à l'égard de l'endosseur, il ne l'est que vis-à-vis de lui. L'endosseur, au contraire, est garant envers tous les ayants-cause du preneur, afin que la circulation des effets de commerce soit mieux assurée.

La garantie est solidaire : mais quelle est cette solidarité, en supposant qu'il y en ait deux sortes dans notre droit? Est-ce une garantie parfaite? Est-ce une solidarité imparfaite? La question n'est pas oiseuse, car entre ces deux modalités, les auteurs établissent des différences très-importantes, notamment la faculté d'interrompre la prescription à l'égard de tous les débiteurs, de les mettre tous en demeure, de faire courir les intérêts à l'encontre de tous par des poursuites dirigées contre l'un d'eux seulement, de demander la valeur de la chose qui a péri par la faute de l'un d'eux non-seulement au débiteur qui est en faute, mais même à ceux qui ne le sont pas : cette faculté importante n'est attribuée au créancier qu'en vertu de la solidarité parfaite. Le porteur en jouira-t-il? Non. La solidarité légale n'est parfaite qu'autant qu'elle existe au profit de personnes unies par un intérêt commun, qui ont des rapports suivis, qui en un mot se connaissent. Elle est donc imparfaite quand elle existe entre individus qui ne sont codébiteurs que par accident. Or, il est évident que les signataires d'un effet négociable rentrent dans cette catégorie de débiteurs.

Nous pouvons encore signaler, au point de vue fiscal, une différence entre l'endossement et la cession ordinaire : aux termes de l'art. 70 de la loi du

22 frimaire an VII, les lettres de change tirées de place en place, celles venant de l'étranger ou des colonies françaises, les endossements des lettres de change et les endossements de billets à ordre et autres effets négociables sont exempts de la formalité de l'enregistrement.

II. *De l'endossement irrégulier.*

Les effets que nous avons énumérés précédemment ne se produisent qu'en vertu d'un endossement conforme aux art. 136 et 137 du Code de commerce. L'endossement infidèle à ces dispositions n'opère pas le transport de l'effet négociable, il équivaut à une procuration (art. 138). Ainsi le voulait déjà l'ordonnance de 1673 : « Au cas que l'endossement ne soit pas dans les formes ci-dessus, les lettres seront réputées appartenir à celui qui les aura endossées, et pourront être saisies par ses créanciers et compensées par ses redevables » (art. 25). Par conséquent, l'endossement irrégulier ne transfère pas la propriété du titre, celui-ci demeure dans le patrimoine de l'endosseur où il reste le gage des créanciers de ce dernier ; ce titre est susceptible d'être revendiqué par l'endosseur resté propriétaire et il lui sera en tous cas restitué, l'endossement ne valant que comme mandat, et tout mandat étant révocable ; le porteur, simple mandataire, se verra opposer les exceptions personnelles non pas à lui-même, mais à l'endosseur.

Le porteur en vertu d'un endossement irrégulier recevra seulement le payement et en donnera quittance; il fera tous les actes qui sont de nature à sauvegarder les droits de l'endosseur, sauf indemnité, s'il y a lieu; par exemple, il présentera l'effet à l'acceptation, fera constater par protêt le refus d'acceptation et engagera les poursuites après protêt, en cas de non-payement à l'échéance (Cour de cassation, arrêt du 24 décembre 1850). La question de savoir s'il pourra endosser lui-même l'effet à ordre d'un tiers et lui en transférer la propriété, est plus difficile à résoudre. D'après Pothier, le porteur n'étant pas devenu propriétaire par suite de l'irrégularité de l'endossement, n'a pas la faculté de faire passer à un tiers un droit qui n'est pas né dans sa personne, il peut, quand l'endossement irrégulier renferme la clause à ordre, passer son ordre au profit d'un tiers, mais ce transfert n'a pas la vertu d'un endossement régulier, il n'opère qu'une substitution de mandataire. D'après les auteurs contemporains, l'endossement fait par un porteur irrégulier produit les effets d'un véritable endossement. Cette opinion favorable à la circulation de l'effet irrégulièrement endossé nous paraît plus conforme aux principes que la précédente, car s'il est vrai qu'un endossement irrégulier ne transfère pas la propriété, il est également certain qu'il vaut comme procuration.

La loi a-t-elle donné des bornes à cette procuration? Aucunement. Le mandataire pourra donc toucher le montant de la somme due ; or le moyen habituel de recouvrer le montant d'un effet consiste précisément dans un endossement régulier. Pothier allègue que le porteur en vertu d'un endossement irrégulier, n'étant pas propriétaire, ne peut conférer plus de droits qu'il n'en a lui-même, mais le grand jurisconsulte, en invoquant un principe de droit très-connu, n'a pas pris garde que, dans l'espèce, le porteur ne transmet pas l'effet comme personnellement propriétaire, mais seulement comme mandataire du véritable propriétaire, c'est-à-dire de l'endosseur (Cour de cass., arrêt du 6 janvier 1845). Aussi du jour où le porteur a consenti un endossement régulier, les exceptions opposables au porteur par l'endosseur ne deviennent pas opposables au bénéficiaire. Celui-ci acquiert un recours en garantie non contre le porteur, mais contre l'endosseur primitif, car c'est lui qui a négocié par l'entremise de son mandataire. Cependant quelques auteurs et la Cour de cassation décident au contraire que le porteur d'un endossement irrégulier qui endosse régulièrement s'oblige vis-à-vis du porteur de la lettre, par cette raison qu'il agit en son propre nom, qu'il est un véritable commissionnaire. Or, le commissionnaire s'engage envers les tiers avec lesquels il traite. L'application des règles de la commission a ici pour effet d'écarter la responsabilité de l'endosseur originaire, car le commettant et le commissionnaire ne sauraient être tenus tous deux directement à l'égard de celui avec lequel le commissionnaire a traité.

La présomption de la loi d'après laquelle l'endossement irrégulier équivaut à une procuration, vraie quelquefois, sera évidemment fausse quand l'irrégularité sera le résultat d'une inadvertance ou même de l'ignorance du droit. On se demande si la présomption contraire à l'intention des parties doit être maintenue. Cette question a fait surgir cinq systèmes.

Un premier système maintient malgré tout la présomption : *dura lex sed lex*. Un second système fait ici à l'endossement l'application des règles du Code civil, pourvu qu'il renferme les éléments suffisants à une cession de créance ordinaire. Conséquemment, le cédant ne sera pas garant de l'exécution de l'obligation. Un troisième système écarte la présomption devant la preuve contraire. Un quatrième système adopté par la Cour de cassation distingue entre ceux qui ont pris part à l'opération et ceux qui y sont restés étrangers. Pour les premiers seulement le fond l'emportera sur la forme : « sur le moyen pris de la violation des articles 13 et 138 du Code de commerce : attendu, en droit, que, si, aux termes des dispositions de l'article 138 du Code précité, l'endossement qui n'est pas conforme aux prescriptions de l'article 137 du même Code ne vaut que comme procuration et n'opère pas la transmission du billet a ordre ou de la lettre de change, ce n'est là qu'une présomption, qui cède à la preuve contraire, lorsque la contestation s'agite entre l'endosseur et le preneur, et que, si par le fait volontaire de l'endosseur, la propriété a été transférée au preneur, cette propriété lui a été transmise nonobstant l'irrégularité de l'endossement ; — attendu qu'il appartenait aux juges du fond de rechercher dans les documents de la cause les éléments de cette transmission ; qu'en jugeant dans l'espèce, qu'il résultait de faits constants que la volonté des parties avait été de transférer la propriété des billets endossés irrégulièrement, l'arrêt n'a été ni violé, ni faussement interprété les articles précités...» (Arrêt 14 avril 1856).

Ce dernier système nous paraît préférable aux trois autres, par cette raison que seul il respecte l'intention des parties et les droits des tiers. Au point de vue pratique, le troisième système a l'avantage de nous rapprocher des législations étrangères qui ont admis précisément une présomption contraire à celle de notre Code.

Que faut-il décider dans le cas où l'endosseur tombe en faillite? Le porteur irrégulier pourra-t-il faire tomber la présomption de l'article 138 à l'encontre du syndic comme il pouvait le faire à l'égard de l'endosseur? La négative soutient que le syndic représentant la masse des créanciers de l'endosseur doit être regardé comme un tiers; l'affirmative à laquelle adhère la jurisprudence allègue que le porteur peut invoquer sa qualité de cessionnaire même à l'égard de la masse : attendu que les syndics d'une faillite, représentant la masse, ne sont des tiers vis-à-vis du failli que lorsqu'ils exercent une action propre aux créanciers ou lorsqu'ils attaquent en leur nom les actes faits en fraude de leurs droits par leur débiteur ; mais qu'ils ne sont que ses ayants-cause quand ils font valoir ses droits et actions en vertu de l'article 443 du Code de commerce et du principe posé par l'article 1166 du Code civil. » (Arrêt de la Cour de cassation du 29 décembre 1858.)

De tous les endossements, le plus irrégulier est sans contredit l'endossement en blanc. Celui-ci consiste dans l'apposition de la signature de l'endosseur sur le dos du titre, au-dessous d'un espace laissé en blanc et destiné à recevoir les autres mentions exigées pour l'endossement régulier. Ce blanc-seing a pour le porteur cet avantage sur l'endossement simplement irrégulier, qu'il permet à toute personne qui aura reçu le titre d'inscrire les énonciations négligées par l'endosseur, et ainsi de lui faire produire tous les effets qui découlent d'un endossement régulier. Cette faculté dérive d'un mandat que le signataire est réputé avoir donné au porteur. Aussi la révocation de ce mandat, la mort ou la faillite du mandant le font disparaître, sauf à l'égard des tiers de bonne foi auxquels le porteur aurait négocié l'effet. Ainsi l'a décidé un arrêt de la Cour de cassation dans une espèce où un sieur D. avait rempli le blanc à son profit postérieurement à la mort de la demoiselle Virginie M., auteur d'un endossement en blanc sur une lettre de change tirée à son ordre, valeur reçue en elle-même :

« Attendu que, d'après les art. 136 et 137 du Code de commerce, l'endossement ne transfère la propriété de la lettre de change que lorsqu'il est daté, qu'il exprime la valeur fournie, et qu'il énonce le nom de celui au profit de qui il est fait ; — qu'aucun endossement réunissant ces conditions n'a eu lieu du vivant de Virginie M. au bénéfice de D. et que l'article 138 déclare que l'endossement n'opère pas alors de transport et n'est qu'une proclamation, — que, s'il est vrai que le porteur d'une lettre de change, dont il est saisi par un endossement en blanc, peut la négocier comme mandataire du tireur, et si ce qui est fait par le mandataire dans l'ignorance de la mort du mandant, est obligatoire pour ses héritiers, ces principes ne peuvent recevoir d'application à l'espèce, puisque l'on ne trouve sur la lettre de change aucun endossement fait par un tiers, que la signature de Virginie M. aurait constitué son mandataire. » (Arrêt du 6 janvier 1845).

La Cour de Grenoble fit la même déclaration à l'occasion d'un blanc rempli après faillite : « Considérant que la faillite a pour effet de changer l'état du failli, et de fixer, d'une manière irrévocable, du jour de sa date, le droit des créanciers ; qu'il ne saurait être permis à l'un d'eux, postérieurement au jugement déclaratif de la faillite, de remplir et de régulariser un endossement laissé jusque-là en blanc, et se créer ainsi arbitrairement un titre et même un droit de préférence au préjudice de la masse des créanciers et contrairement à leurs droits acquis ; qu'il y a lieu ici d'appliquer dans toute son énergie les dispositions de l'art. 138 du Code de commerce et de décider que l'endossement demeuré incomplet ne vaut que comme procuration, laquelle aux termes de l'art. 2003 du Code civil, prend fin par la faillite du mandant. » (Arrêt du 12 mai 1855.)

De nombreux abus peuvent résulter et résultent en fait de la pratique des endossements en blanc. Il arrive assez souvent que des agents d'affaires chargés de recouvrer le montant d'un titre revêtu d'un pareil endossement remplissent le blanc à leur profit. Un acte de ce genre constitue un véritable abus de confiance. Malgré ce danger, la jurisprudence a admis l'emploi de l'endossement en blanc, à cause des avantages qui d'autre part en découlent. En effet, il permet de recevoir un effet de commerce, d'en fournir la valeur, de le négocier ensuite sans qu'il reste aucune trace de son passage entre les mains de telle ou telle personne qui, de cette manière, reste étrangère à la garantie solidaire imposée aux endosseurs. En outre, il assimile l'effet négociable à un titre au porteur et facilite par là singulièrement sa circulation.

Nous venons d'examiner ce qui se réfère au cas d'*omission* prévu par l'art. 138 du Code de commerce, nous allons achever notre travail sur l'endossement en disant quelques mots du cas de *supposition*. Ici l'endossement présente toutes les apparences de la régularité, mais au fond il est réellement irrégulier par suite d'une simulation provenant du consentement des parties contractantes (*colorem habens, substantiam vero nullam colorem habens, substantiam vero alteram*). La simulation résulte d'une fausse indication soit de la date, soit des parties contractantes, soit de la valeur fournie, et n'a rien que de très-licite lorsqu'elle n'a pas lieu dans un but de fraude (le mot simulation ne se prête pas nécessairement à l'idée de fraude) par exemple, quand une personne craignant d'altérer les bonnes relations qu'elle a avec le débiteur de l'effet de commerce en exigeant elle-même le payement endosse à un prête-nom. Cependant, relativement à la date, il faut se rappeler l'art. 139 du Code de commerce, d'après lequel il est défendu d'antidater les ordres à peine de faux. Cette disposition déroge au droit commun, car l'art. 147 du Code pénal, qui en est l'expression, ne mentionne pas l'antidate comme constituant un faux en écriture de commerce. Le législateur de 1808 a voulu empêcher que le porteur d'effets en état de faillite ou même de cessation de payement pût en antidatant un ordre et en endossant au profit d'un créancier qu'il favorise, détourner l'effet de la masse de la faillite.

Néanmoins, la Cour suprême a décidé que l'inexactitude de la date, non-seulement n'en rend l'auteur dont l'intention n'a pas été frauduleuse, passible d'aucune peine, mais encore n'empêche pas l'endossement de produire les effets d'un endos régulier. (Arrêt du 21 décembre 1864.)

Supposons un endossement fait à un prête-nom, et demandons-nous quels rapports il fait naître : 1° entre l'endosseur ou ses créanciers et le porteur fictif; 2° entre les créanciers du porteur et le tiers cessionnaire; 3° entre le porteur et le débiteur de l'effet.

Entre le souscripteur ou l'endosseur et le porteur fictif, l'endossement équivaut à un véritable mandat : le souscripteur a le droit de prouver la simulation, ses créanciers l'ont également et de plus ils sont admis à saisir-arrêter le montant de l'effet entre les mains du tiré. La saisie-arrêt est également susceptible d'être pratiquée *favore tituli* par les créanciers du porteur fictif, nonobstant la preuve de la simulation apportée par le souscripteur, nonobstant la reconnaissance par écrit qu'en aurait faite le porteur. Le souscripteur ou l'endosseur ne pourrait pas davantage opposer la simulation aux tiers de bonne foi auxquels le porteur fictif, abusant de sa confiance, aurait endossé régulièrement l'effet commercial, car en définitive c'est par sa faute qu'ils sont dupes d'une fausse énonciation.

Entre le porteur fictif et l'accepteur, la question se résout par une distinction. L'accepteur n'a-t-il aucun intérêt à contester la qualité du porteur, le prête-nom fera valablement tous les actes conservatoires relativement aux droits du véritable propriétaire, il agira même en justice contre le débiteur de l'effet négociable; car, à quel titre l'accepteur contesterait-il l'efficacité de la simulation? Nous avons supposé qu'il n'avait pas d'intérêt à la contestation, or pas d'intérêt pas d'action. Mais au contraire, l'accepteur a-t-il un intérêt quelconque à contester la

qualité du porteur, par exemple parce que l'endosseur a passé son ordre avec dessein de lui porter
préjudice, d'éviter la compensation d'une dette personnelle avec celle du débiteur, alors nous croyons
que la simulation pourra être opposée au porteur.
Qu'on ne dise pas qu'en acceptant un effet de commerce, l'accepteur s'est engagé à payer à tout porteur de l'effet régulièrement endossé, et que permettre aux accepteurs de contester la validité des
endossements, c'est compromettre la confiance si
nécessaire aux opérations commerciales, c'est porter
une grave atteinte au crédit public : nous repous-
sons toute argumentation en dénonçant la collusion
du porteur et de l'endosseur et en invoquant la bonne foi et l'équité. Qu'on ne craigne pas, d'ailleurs,
que le droit que nous reconnaissons à l'accepteur
d'opposer au porteur la simulation devienne pour les
débiteurs récalcitrants un moyen de retarder le payement, car les tribunaux apprécieront la sincérité de
l'exception produite par l'accepteur, et ils rejette-
ront la preuve de celle qui masquerait un pur moyen
dilatoire.

L'action en déclaration de simulation ne doit pas
être confondue avec l'action Paulienne ou révocatoire. Celle-ci ne peut jamais être intentée que par
les créanciers dont le titre est antérieur à l'acte argué de fraude (L. 10, §I D. *quæ in fraudem*), car la
fraude suppose des ayants droit, L'action en déclaration de simulation n'est pas susceptible d'être
exercée quand la simulation est licite et innocente

dans ses effets, cela est évident ; quand au contraire la simulation lèse injustement les droits des tiers, elle autorise une action et cette action peut être intentée même par les créanciers dont le titre est postérieur à l'acte argué de fraude. En effet, la simulation se conçoit en dehors de tout créancier, elle se comprend fort bien comme tendant à une fraude *ex post facto*, et il est juste que les créanciers postérieurs puissent provoquer la déclaration de simulation, car leur gage se composant du bien sorti mensongèrement du patrimoine du débiteur, ils y ont un véritable intérêt. Vis-à-vis des créanciers antérieurs, la fraude et la simulation peuvent coexister : si l'acte fait en fraude est réel, comme il y a lieu à révocation, le créancier usera de l'action Paulienne ; si l'acte fait en fraude est simulé, il intentera l'action en déclaration de simulation, vu qu'il ne demande pas la révocation, mais au contraire le maintien de ce qui existe réellement. La diminution du patrimoine du débiteur, ou l'*eventus damni* nécessaire à l'exercice de l'action Paulienne fait ici défaut.

Voici l'intérêt pratique de la distinction établie entre les deux actions : à la différence de l'action en déclaration de simulation, l'action Paulienne 1° n'appartient qu'aux créanciers dont les créances sont antérieures à l'acte attaqué ; 2° elle n'est susceptible d'être exercée qu'à l'égard d'un débiteur insolvable, et qu'à l'encontre des actes qui ont amené ou consommé l'insolvabilité ; 3° elle établit une distinction au point de vue des tiers complices ou non de la fraude, entre les actes à titre onéreux et les actes à titre gratuit.

Cette distinction n'a pas été saisie par Toullier : « l'action révocatoire, dit cet auteur, ne peut être intentée que par les créanciers dont le titre est antérieur. *Secus*, si les actes dont on demande la révocation sont simulés, n'ont pas d'existence réelle. » (T. VI, p. 226, n° 351, à la note.) La cour de Paris a également confondu les deux actions et voici à quelle occasion :

Une saisie-exécution et une saisie immobilière de meubles et immeubles avaient été pratiquées sur le sieur J., par les sieurs D. Une demande en revendication de meubles saisis et en nullité de saisie immobilière a été formée par la dame J., séparée de biens judiciairement avec son mari le sieur J., attendu qu'elle était l'unique propriétaire des meubles et immeubles saisis sur son mari, en vertu d'actes authentiques portant date antérieure à l'existence de la créance des sieurs D. Le sieur P., subrogé dans les droits des sieurs D., a démontré que ces actes sont entachés de fraude et de simulation et a demandé l'interrogatoire sur faits et articles. Cet interrogatoire est ordonné par un jugement du tribunal de Reims, et les époux J. font défaut deux fois. Jugement du tribunal (5 juin 1856) :

« Le tribunal donne défaut contre le sieur J., et la femme J., et contre leur avoué faute de conclure et de plaider, et pour le profit. Attendu que P. a articulé des faits desquels il résulterait, s'ils étaient prouvés, que les actes intervenus entre les époux J., depuis leur séparation de biens et sur lesquels la dame J. fonde sa demande en distraction des biens saisis par P., sont nuls *comme simulés et frauduleux* ;

Attendu que le tribunal a ordonné l'interrogatoire sur lesdits faits des époux J., et que ceux-ci, au lieu de comparaître devant le juge-commissaire chargé de procéder à l'interrogatoire, ont deux fois fait défaut sans que rien justifie leur non-comparution et bien que la seconde comparution eût dû avoir lieu au jour qu'eux-mêmes avaient indiqué;

Attendu que dans ces circonstances rapprochées des faits et documents du procès il y a lieu de tenir pour avérés, conformément à l'art. 330 du Code de procédure civile, les faits articulés par P., et de considérer comme *simulés et frauduleux*, et conséquemment nuls les actes intervenus entre J. et sa femme depuis leur séparation, actes qui n'ont d'autre but que de soustraire les biens de J. aux poursuites de ses créanciers;

Que dès lors la demande en distraction formée par la dame J. n'est pas fondée ;

Attendu que par cette demande, résultat *d'une fraude* concertée entre eux, et par les lenteurs qu'ils ont opposées au jugement de l'affaire, les époux J. ont causé à P. un préjudice dont ils lui doivent la réparation, etc. »

Appel de ce jugement interjeté par les époux J.

prétendant que le sieur P. ne pouvait attaquer les actes invoqués par la femme J. comme faits en fraude de ses droits, vu qu'ils étaient antérieurs à sa créance; que l'action Paulienne n'appartenait qu'au créancier dont les droits étaient nés antérieurement aux actes dont la nullité était demandée.

Arrêt de la Cour :

En ce qui touche l'appel de J.,

Considérant que les actes attaqués par J. ne sont pas attaqués *seulement* comme des actes faits par un débiteur *en fraude* des droits de ses créanciers, mais *comme simulés*;

Qu'il importe peu dès lors que la créance de P. soit née postérieurement à ces actes;

Qu'il n'en a pas moins le droit de les faire annuler comme entachés de simulation dès leur origine, et par conséquent comme n'ayant jamais eu d'existence réelle.

Adoptant au surplus les motifs des premiers juges;

Etc... »

La distinction qu'il faut établir entre l'action Paulienne et l'action en déclaration de simulation est indiquée par MM. Aubry et Rau dans leur *Cours de droit civil*, t. II, p. 341 à la note.

POSITIONS

DROIT ROMAIN

I. — L'*actio injuriarum* n'était pas cessible.

II. — La loi 101 au Digeste, *de verborum obligationibus* et la loi 3 au Code *de in integrum restitutione* ne peuvent se concilier qu'historiquement.

III. — La condition d'*infans* ne se perdait qu'à l'âge de sept ans accomplis.

IV. — La *filiafamilias* était, dans le droit classique de s'obliger comme le *filiusfamilias*.

V. — La cession faite à un *potentior* était nulle, et ne laissait aucune obligation naturelle à la charge du débiteur.

VI. — L'*exceptio pacti* de *non petendo in personam* et l'*exceptio doli* étaient opposables au cessionnaire, du chef du cédant.

VII. — La cession ne privait pas le débiteur du bénéfice de compétence, dont il jouissait à l'égard du cédant, quoique les mêmes rapports n'existassent plus entre le cessionnaire et lui.

DROIT FRANÇAIS

I. — La créance alimentaire est cessible ou incessible suivant qu'elle dérive d'une convention ou d'un texte de loi.

II. — Les créances litigieuses dont parle l'article 1597 ne tombent pas sous la définition de l'article 1700.

III. — Le tuteur est, en général, pleinement capable d'aliéner les créances de son pupille.

IV. — Lorsque le tuteur acquiert une créance contre son pupille, celui-ci seul a le droit d'invoquer la nullité de la cession.

V. — Le mari peut céder les créances dotales, mais non les créances propres de sa femme faisant partie du mobilier réalisé.

VI. — Le cédé peut renoncer au profit du cessionnaire à la compensation qu'il a droit d'invoquer à l'encontre du cédant, et il y renonce en vertu de l'acceptation lors même qu'il ignore la cause libérative de sa dette.

VII. — Le saisissant antérieur à la signification du transport subit le concours du cessionnaire et d'un saisissant postérieur, et ne peut répéter du cessionnaire que la bonification de la différence en moins entre la somme qu'il a touchée et celle qu'il aurait obtenue si la créance entière avait été répartie proportionnellement entre lui, le cessionnaire et le saisissant postérieur.

VIII. — On ne doit pas assimiler la cession-transport à la subrogation.

DROIT COMMERCIAL

I. — Un effet de commerce est transmissible par voie d'endossement, même après son échéance.

II. — L'endossement transfère l'hypothèque en même temps que la créance qu'elle garantit.

III. — La qualité de porteur en vertu d'un endossement irrégulier n'influe aucunement sur les effets de l'endossement régulier que fait ce porteur.

IV. — La présomption de l'art. 138 du Code de commerce n'est pas invincible.

DROIT PÉNAL

I. — La peine de faux, conséquence de l'endossement antidaté, ne s'étend pas à l'antidate de l'effet de commerce.

II. — La légitime défense peut résulter d'attaques contre les biens.

DROIT DES GENS

I. — Le bénéfice de l'exterritorialité ne permet pas aux ministres étrangers de donner asile aux personnes poursuivies par la justice criminelle.

II. — Les meubles d'un ambassadeur ne peuvent pas être saisis par ses créanciers.

Vu par le professeur soussigné, président de la thèse,
Paris, le 20 février 1874.

J. E. LABBÉ.

Vu par le soussigné doyen,
G. COLMET DAAGE.

Vu et permis d'imprimer,
Le vice-recteur de l'Académie de Paris,
A. MOURIER.

PARIS-VAUGIRARD. — TYP. H. BLANPAIN, 7, RUE JEANNE

PARIS-VAUGIRARD. — TYPOGRAPHIE N. BLANPAIN, 7, RUE JEANNE